代　序

以改革创新精神奋力开创新型工业化发展新局面
——中国工业和信息化发展系列蓝皮书

近年来，在党中央、国务院的正确领导下，经过全行业的共同努力，我国工业和信息化保持持续健康发展。工业经济总体规模持续扩大，综合实力明显增强，产业结构调整取得新进展，企业创新能力不断提升，信息化和工业化融合深入推进。工业和信息化发展有力地带动了国内其他产业的创新发展，在促进国民经济增长、调整优化经济结构、扩大城乡就业以及改善人民生活质量等方面发挥了巨大作用，推动了我国工业化、信息化、城镇化、农业现代化进程。

当前，我国工业和信息化发展已经进入到新阶段，国内外环境正在发生广泛而深刻的变化，既有难得的机遇和有利条件，也面临着诸多可以预见和难以预见的困难、风险和挑战。去年底的中央经济工作会议和今年的全国"两会"，对今年经济工作作出了全面部署，强调要坚持稳中求进工作总基调，把改革创新贯穿于经济社会发展各个领域各个环节，切实提高经济发展质量和效益，促进经济持续健康发展、社会和谐稳定。工业和信息化系统要认真学习、深刻领会和全面贯彻落实党中央、国务院决策部署，紧紧围绕"稳中求进、改革创新"的核心要求，着力激发市场主体活力，着力强化创新驱动，着力推进两化深度融合，不断在转型升级、提质增效上迈出新步伐，努力保持工业和信息化持续健康发展，奋力开创新型工业化事业发展新局面。

一是要以深化改革激发市场活力。按照中央部署要求，以使市场在资源配置中起决定性作用和更好发挥政府作用为核心，处理好政府与市场的关系，积极推进重点领域和关键环节改革取得实质性进展，释放改革红利，激发市场主体活力。

1

当前的重点，是要加快深化行政审批制度改革，转变政府职能，创新管理方式，鼓励引导民间资本进一步进入电信、军工等领域，推动清理和废除对非公有制经济各种形式的不合理规定。同时，认真履行行业管理职责，积极主动作为，及时反映行业、企业情况和诉求，协调推进国有企业、财税、金融、资源性产品价格等领域改革，强化产业对外合作，推动制造业扩大对外开放。要注重加强组织领导，加强调查研究，加强督促检查，严格落实责任，细化完善方案和措施，确保工业和信息化领域改革开好局、起好步。

二是要以扩大内需增强发展内生动力。坚持把优化供给和培育需求结合起来，扩大消费需求，改善供给质量，优化投资结构，使工业发展建立在内需持续扩大的基础上。要着力提高工业产品供给水平，加强质量品牌建设，优化工业产品供给，满足居民对大宗耐用消费品及新兴消费领域产品的需求。要大力培育发展信息消费，支持 4G 加快发展，全面推进三网融合，鼓励移动互联网新技术新业务发展，加快移动智能终端、智能电视、北斗导航终端、智能语音软件研发应用和电子商务发展，抓好信息消费试点市和智慧城市试点。高度重视解决小微企业发展面临的困难和问题，狠抓政策完善和落实，切实减轻企业负担，进一步激发民间投资活力。同时，充分利用"两个市场、两种资源"，落实好各项政策，巩固和扩大国际市场份额，积极开拓海外市场

三是要以调整优化结构提升发展质量和效益。坚持进退并举、有保有压，加快调整产业结构，提升产业素质和竞争优势。改造提升传统产业方面，要加强企业技术改造，提高并严格执行能耗、环保和安全等行业准入标准，着力化解产能严重过剩矛盾，加快淘汰落后产能，推进企业兼并重组，强化工业节能减排，加快航空、卫星及应用、轨道交通、海洋工程、智能制造等领域重大技术装备研制和技术开发。发展壮大战略性新兴产业方面，要推动健全完善体制机制，着力突破关键核心技术，强化市场培育，在新一代移动通信、集成电路、物联网、大数据、先进制造、新材料等方面赶超先进，引领未来产业发展。同时，要大力促进制造业与服务业融合发展，开展制造业服务化试点示范，加快发展工业设计、现代物流、信息技术服务等面向工业的生产性服务业。

四是要以创新驱动提升产业核心竞争力。坚持把创新驱动作为新型工业化发展的原动力，紧紧抓住增强自主创新这个关键环节，协调推进科技体制改革，促

The Blue Book on the Development of Software
Industry in China(2013–2014)

2013-2014年中国软件产业发展

蓝皮书

中国电子信息产业发展研究院 编 著

主 编／王 鹏
副主编／安 晖

人民出版社

责任编辑：邵永忠

图书在版编目（CIP）数据

2013 ～ 2014 年中国软件产业发展蓝皮书 / 王鹏 主编；

中国电子信息产业发展研究院 编著 . —— 北京：人民出版社 , 2014.6

ISBN 978-7-01-013586-1

Ⅰ . ① 2… Ⅱ . ① 王… ② 中… Ⅲ . ① 软件产业 — 产业

发展 — 白皮书 — 中国 — 2013 ～ 2014 Ⅳ . ① F426.67

中国版本图书馆 CIP 数据核字（2014）第 108403 号

2013-2014年中国软件产业发展蓝皮书

2013-2014NIAN ZHONGGUO RUANJIAN CHANYE FAZHAN LANPISHU

中国电子信息产业发展研究院　编著

王　鹏　主编

人民出版社 出版发行

（100706　北京市东城区隆福寺街 99 号）

北京艺辉印刷有限公司印刷　新华书店经销

2014 年 6 月第 1 版　2014 年 6 月第 1 次印刷

开本：787 毫米 × 1092 毫米　16 开　印张：14.5

字数：240 千字

ISBN 978-7-01-013586-1　定价：58.00 元

邮购地址　100706　北京市东城区隆福寺街 99 号

人民东方图书销售中心　电话（010）65250042　65289539

进科技与经济紧密结合，推动我国工业向全球价值链高端跃升。当前，要加快健全技术创新市场导向机制，强化企业创新主体地位，落实促进企业创新的财税政策，推动扩大研发费用加计扣除范围，研究实施设备加速折旧政策，改进财政补助方式，鼓励企业设立研发机构，推动建设企业主导的产业创新联盟。要依托国家科技重大专项、重大创新发展工程和应用示范工程，结合实施工业强基工程，加大技术攻关力度，力争在信息技术、智能制造、节能环保、节能与新能源汽车等领域，突破一批重大关键核心技术和共性技术，推进科技成果转化和产业化，加快新技术新产品新工艺研发应用，抢占产业发展制高点。

五是要以两化深度融合提升发展层次和水平。适应新科技革命和产业变革趋势和要求，积极营造良好环境，汇聚政策资源，激发企业行业内在动力，促进信息网络技术广泛深入应用。要尽快建立和推广企业两化融合管理体系标准，发布两化融合管理体系基本要求和实施指南，选择部分企业开展贯标试点。要促进信息技术与制造业融合创新，推进智能制造生产模式的集成应用，开发工业机器人等智能基础制造装备和成套装备，推进智能装备、工业软件在石化、机械加工等行业示范应用。要加强重点领域智能监测监管体系建设，提高重点高危行业安全生产水平、重点行业能源利用智能化水平。同时，要加快信息网络基础设施建设，全面落实"宽带中国"战略，大力发展信息技术产业，切实维护网络与信息安全，为两化融合提供有力支撑和保障。

推进工业和信息化转型升级、提质增效、科学发展，既是当前紧迫性的中心工作，也是长期性艰巨任务。工业和信息化系统要更加紧密地团结在以习近平同志为总书记的党中央周围，坚持走新型工业化道路，以改革创新精神，求真务实，开拓进取，狠抓落实，不断以良好成效在建设工业强国征程中迈出坚定步伐，为全面建成小康社会、实现中华民族伟大复兴中国梦做出新的更大贡献。

工业和信息化部部长 苗圩

2014 年 5 月 4 日

把握发展趋势　加快推动我国软件产业由大变强

软件和信息技术服务业是国民经济的基础性、战略性和先导性产业。近年来，全球软件产业正在发生一系列深刻变化，软件产业在经济社会发展中的地位作用更加突出，软件技术体系正在重构。要把握软件技术发展趋势，充分利用世界最大市场、最复杂应用和最有特色需求的优势，加快推进我国软件产业由大变强，为建设网络强国奠定坚实基础。

一、我国软件和信息技术服务业保持快速增长

产业规模首次迈入 3 万亿台阶。2013 年，我国规模以上软件和信息技术服务企业达 3.3 万家，共实现业务收入 3.06 万亿元，同比增长 23.4%，是 2000 年的 52 倍,是 2010 年的 2.4 倍。软件业务收入占电子信息产业比重 25%,比上年提高 2.3 个百分点。

产业结构服务化趋势突出。2013 年，数据处理和存储服务收入完成 5482 亿元，同比增长 31.9%，增速居全行业首位，占全行业收入比重 18%。信息技术咨询服务增长 23.8%，信息系统集成增长 17.3%，软件产品收入增长 25.7%，嵌入式系统软件增长 17.2%，IC 设计领域增长 28%。

企业创新能力稳步提升。2013 年，软件产品登记数 39821 件，同比增长 11.5%。软件著作权登记数 164349 件，同比增长 18.04%。研发经费 2598 亿元，同比增长 19.5%，研发投入比（研发经费占主营业务收入比重）超过 6%。

集聚发展态势明显，中心城市增速继续领先。2013 年，全国 15 个中心城市（副省级城市）聚集效应明显，共实现软件业务收入 1.7 万亿元，占全国比重 57%，比上年提高 2.4 个百分点,同比增长 27.6%,高出全国平均水平 4.2 个百分点。南京、济南、成都、广州、深圳、上海、北京等 7 个中国软件名城实现业务收入 1.65 万亿元，占全国收入 54%。

软件产业对国民经济和社会发展的贡献更加突出。2013 年，软件业创造的增加值超过 1 万亿元，占第三产业比重 4%。实现利润总额 3830.5 亿元，同比增

长 13.8%。从业人数为 470 万人，比上年增加 52 万人，同比增长 12.4%。其中软件研发人员 180 万人，增长 2.4%，占全部从业人员的 38.3%。软件技术在工业、金融、交通、医疗等领域深化应用，对社会生活和生产各个领域的支撑和带动力持续增强，在国民经济中的地位不断提升。

二、软件和信息技术服务业发展趋势

技术趋势："软件定义世界"正在成为共识。从微电子技术看，芯片正在变成"固化的软件"。随着半导体技术逐渐逼近工艺尺寸极限，摩尔定律所作的"芯片集成度约每隔 18 个月翻一倍，性能提升一倍"的预测将不再适用。集成电路产业生态中传统的软硬件划分标准失效，架构设计的内容除了芯片还包括越来越多的芯片软件。从软硬件关系看，软件在现代信息技术创新中的核心地位更加突出。随着网络虚拟化技术的快速发展，信息产业创新发展的主导角色已经发生了变化，软件开始主导硬件，软件的地位作用越来越突出。硬件的重要性已经大大降低，专门的软件会代替越来越多的专门硬件。例如，数据中心正在从硬件主导向软件主导演进，即利用网络虚拟化技术，把数据中心的服务器、存储和网络等一切物理资源虚拟化并作为软件服务来提供。从技术与业务的关系看，软件日益成为主导经济社会各领域业务运行的基本理念和模式。生产领域出现的"工业互联网"、"工业 4.0"等，消费领域涌现的移动支付、打车软件、互联网金融等，都是软件技术与业务知识深度融合、深刻变革传统业务模式和商业模式的表现。

产业趋势：软件产业格局正在发生深刻变革。软件产业集聚发展的特征更加突出。作为智力密集、附加值高的产业，区域集聚基础上的知识共享与交流对于软件企业创新至关重要。企业利用集聚效应既降低投入成本，又获得技术、信息、公共服务、人力资本等配套支持，最终实现知识共享与技术创新。服务化成为软件产业发展新方向。全球信息技术产业加快向网络化、服务化方向发展，云计算正改变传统的计算资源配置方式，软件的技术架构加速向互联网化转变，IT资源在网络环境下进行按需配置和管理、以服务化形式呈现。生态体系成为产业竞争的焦点。操作系统、数据库、中间件和应用软件相互渗透，软件向更加综合、广泛的一体化软件平台的新体系演变，硬件与软件、内容与终端、应用与服务的一体化整合速度加快。

应用趋势：软件产业发展全面进入"技术＋市场"双驱动模式。我国成为世界上规模最大的市场。淘宝网交易规模已超越美国电商巨头 Amazon 与 eBay 之和。淘宝网注册用户超过 5 亿，每天访问购物的消费者超过一亿。2013 年大淘宝平台（含天猫）支付宝成交额 1.2 万亿，同比增长 60%。2013 年"双十一"购物狂欢节 24 小时内支付宝实现支付 1.88 亿笔。我国拥有世界上最复杂的需求。12306 铁路售票系统被称为"世界上规模最大的实时交易系统之一"和"世界上最繁忙的网站之一"，在春运期间每天点击量高达 15 亿人次，其短时高并发数据量超过任何国家现有的数据处理量。我国的信息化应用最具特色。最大规模的市场、最复杂的需求决定了我国的信息化应用最为独特，照抄照搬其他国家现有的技术和解决方案将无法满足中国应用需求。原来的信息系统体系架构已经无法适应我国应用规模和应用需求的巨大变化，因此，近年来我国出现了以互联网服务模式替代传统的软硬件产品，以分布式架构和开源系统替代集中式架构和商用系统的现象。市场对软件技术创新发展的推动作用更加突出，这为我国实现软件技术和产业创新发展提供了重要机遇。

安全态势：网络和信息安全挑战日益严峻。信息安全是事关经济、社会、国防安全的"第一安全"。在互联网广泛普及、深度应用的今天，网络和信息安全无所不在，无处不在。在互联网时代特别是云计算处理和存储模式下，网络和信息安全面临更加严峻挑战。2014 年 2 月 27 日，习近平总书记在中央网络安全和信息化领导小组第一次会议上指出，没有网络安全就没有国家安全，没有信息化就没有现代化；信息技术和产业发展程度决定着信息化发展水平；建设网络强国，要有自己的技术，要有丰富全面的信息服务。这对我国软件产业提出了新的更高要求。

三、以改革创新加快推动软件产业由大变强

我国软件产业正进入由大变强的关键时期。总的来看，我国软件产业已经具备一定产业规模，但仍面临核心技术受制于人、无法满足重大应用需求和安全保障要求、大企业和知名品牌缺乏、高端软件人才不足等问题。新时期软件产业发展的目标是由大变强，全行业要充分利用世界最大市场、最复杂应用和最有特色需求的优势，实施创新驱动，尽快掌握过硬的技术，加快提升"软件能力"和"系统能力"，为建设网络强国提供有力支撑。

支持企业为主体突破核心技术，健全技术创新市场导向机制。发挥市场配置

资源的决定性作用，转变政府职能，创新公共服务，加强政策引导，用好"核高基"和电子发展基金，支持企业研发安全可靠操作系统、移动智能终端操作系统、智能语音、云计算、大数据、工业控制系统、信息安全等关键技术。研究大数据产业发展战略思路和措施，突破关键技术，发展大数据服务业，建设大数据产业生态体系。

创新中国软件名城建设，促进软件产业向城市群集聚发展。推进中国软件名城创建机制创新，以长三角、珠三角、环渤海三大经济带为重点，推动软件产业向城市群集聚发展，积极探索二、三线城市发展软件产业的路径和模式。继续从国家层面统筹部署软件公共服务平台体系建设，引导公共服务资源整合，降低中小软件企业研发成本。

加强产业支撑能力建设，大力推进安全可靠信息系统推广应用。继续推动重点领域安全可靠信息系统应用示范，逐步实现应用、技术、产业、安全等环节协调发展。协调系统集成商、安全可靠软硬件供应商和测试机构，持续开展集成适配关键技术攻关。开展特一级企业培育工作，尽快形成一批具有国际竞争力的大企业。指导系统集成商联合产业链上下游力量开展关键技术攻关，带动中小企业协同发展。

把握"营改增"政策机遇，加快发展生产性服务业。分析"营改增"对信息技术服务等重点领域的影响，把落实国发4号文件与贯彻"营改增"政策相结合。支持有条件的园区创建以生产性服务业为特色的新型工业化产业示范基地。适时启动生产性服务业试点示范城市创建工作，推动面向制造业的生产性服务业剥离，面向行业和社会提供专业化服务。

推动工业软件创新，支撑两化深度融合。推动工业软件企业围绕实际需求，联合工业企业开展工业软件产品研发及应用工作。探索开展工业制造和管理等全流程数据共享试点，打通数据链。组织开展安全可靠工业软件和行业系统解决方案推广，选择基础好的省市做好需求对接。鼓励以公共服务平台、软件服务化等新形态向企业交付应用。

全面正确履行政府职能，营造良好发展环境。推动落实好国发4号文件等产业政策，完善产业政策环境。开展移动互联网应用软件第三方测评服务。加快研制SOA、大数据、工业软件等重点标准，进一步完善ITSS框架体系，做好云计算综合标准化与物联网相关标准工作。持续提升参与国际标准研制的话语权。做好软件正版化和知识产权保护工作。实施好领军人才培育工程和专业技术人才知识更新工程，继续办好"中国软件杯"大学生软件设计大赛。

工业和信息化部软件服务业司司长　陈伟

2014 年 4 月

目　录

行 业 篇

区 域 篇

园 区 篇

企 业 篇

展 望 篇

综 合 篇

第一章 2013年中国软件产业整体发展状况

2013 年，在促进信息消费政策逐步落地，《国务院关于印发进一步鼓励软件产业和集成电路产业发展若干政策的通知》（国发〔2011〕4 号）及其配套措施加快贯彻落实，交通、医疗、金融等多领域信息化建设纵深化发展，云计算、移动互联网、大数据等新兴领域蓬勃发展等因素的共同驱动下，中国软件产业保持平稳较快发展，服务化转型加快，新兴领域增势突出，中心城市持续领先发展，产业整体在国民经济中的地位和作用不断提升。

一、产业整体缓中趋稳，占 GDP 比重逐年提升

2013 年，在宏观经济不景气和市场需求疲软的背景下，中国软件产业保持平稳增长态势，实现软件业务收入 3.1 万亿元，同比增长 24.6%，低于 2012 年同期 2.7 个百分点，比电子信息制造业增速高出 11.9 个百分点。相比于 2008 年，软件业务收入从 7573 亿元增长到 3.1 万亿元，5 年增长了 309.3%，年均增长 32.6%。

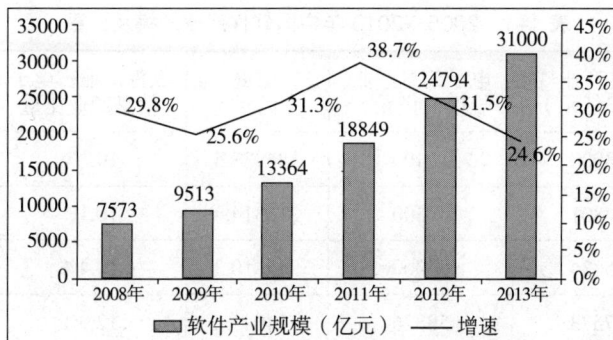

图1-1　2008—2013年中国软件产业规模与年增长率

资料来源：工业和信息化部运行局，2013年12月。

　　从软件产业月度收入情况看，2013年，中国软件产业整体呈现"先平后上"的态势。1—11月，软件业务收入累计增速在23.8%—26.4%区间波动，增势较为平稳。其中，受年底翘尾因素影响，10月和11两月增速出现连续回升，11月份增速为30.7%，比10月份高出2个百分点。相比于2012年，2013年单月增速均低于上一期水平，体现产业整体增速放缓的态势。

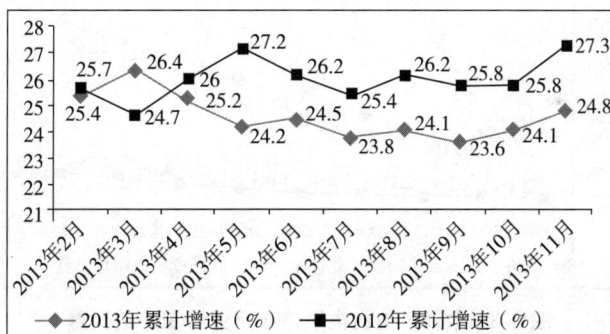

图1-2　2013年2—11月软件业务收入增长情况

资料来源：工业和信息化部运行局，2013年12月。

　　从软件产业占电子信息产业比重看，中国软件产业在电子信息产业中所占比重逐年提高，地位和作用不断增强。2005年，中国软件产业规模占电子信息产业规模比重仅为10.2%；随着中国软件产业的快速发展，2012年，该比重提高到22.6%，是2005年的两倍多。2013年，随着软件产业持续较快发展，软件产业的占比进一步提高到25.3%。

表 1-1　2005—2013 年中国软件产业规模及比重

年度	软件产业规模（亿元）	电子信息产业规模（亿元）	GDP（亿元）	软件产业占电子信息产业比重	软件产业占GDP比重
2005年	3900	38400	184937.4	10.2%	2.1%
2006年	4801	47500	216314.4	10.1%	2.2%
2007年	5834	56000	265810.3	10.4%	2.2%
2008年	7573	58826	314045.4	12.9%	2.4%
2009年	9513	60818	340902.8	15.6%	2.8%
2010年	13364	78000	401512.8	17.1%	3.3%
2011年	18849	93766	472881.6	20.1%	4.0%
2012年	24794	109838	519322.1	22.6%	4.8%
2013年	31000	124000	569000	25.0%	5.4%

资料来源：赛迪智库，2014 年 3 月。

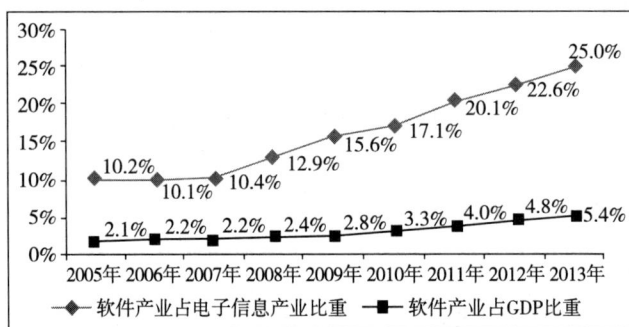

图 1-3　软件产业占电子信息产业和GDP的比重

资料来源：赛迪智库，2014 年 3 月。

从软件产业占 GDP 比重看，中国软件产业占 GDP 的比重稳步提升，从 2005 年 2.1% 增长到 2010 年的 3.3%，2013 年达到 5.4%，比 2005 年提高 3.3 个百分点。这体现出中国软件产业在国民经济中地位和作用不断提升，成为国民经济的重要组成部分。

二、信息技术服务类收入占比提高，服务化转型步伐加快

"十二五"以来，伴随软件服务化和两化融合的深化发展，《进一步鼓励软件产业和集成电路产业发展的若干政策》（国发〔2011〕4号）的不断落实，IT投资的不断加速以及新兴领域的快速发展，信息系统集成、数据处理和存储、信息技术咨询、IC设计等信息技术服务业务增势突出，占软件产业比重不断提高，推动产业结构优化调整，从以软件产品为主导向产品和服务均衡发展的产业体系演进。

根据工业和信息化部数据，2013年1—11月，我国数据处理和运营服务类收入增长突出，完成收入4941.6亿元，同比增长26.5%，比全行业高出1.7个百分点，占全行业的比重为17.4%；系统集成服务和信息技术咨询服务增势平稳，分别实现收入5878.8亿元和3038.8亿元，同比增长25.5%和23.7%。IC设计受惠于利好的产业政策，实现收入823.6亿元，同比增长16.7%；以上四项信息技术服务类业务共实现收入14682.8亿元，占软件产业比重为51.7%，比2012年同期提高了3个百分点。在2012年同期增速较高、基数较大等因素的影响下，我国嵌入式软件增速不断提高的局面在2013年下半年出现转变，1—11月完成业务收入4600.8亿元，同比增长16.7%，比1—10月降低9.5个百分点，比2012年同期降低18.8个百分点。软件产品保持稳步增长，实现收入9116.4亿元，增速为21.5%，低于全行业增速3.3个百分点。

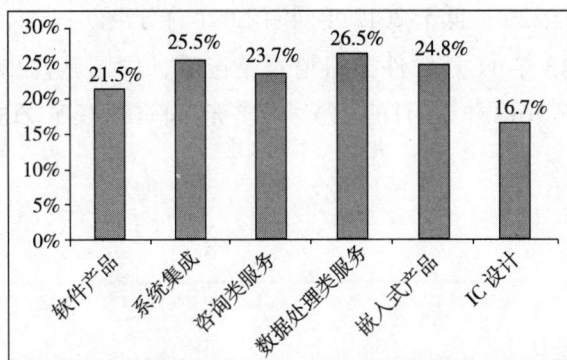

图1-4 2013年1—11月软件产业分类收入增长情况

资料来源：工业和信息化部运行局，2013年12月。

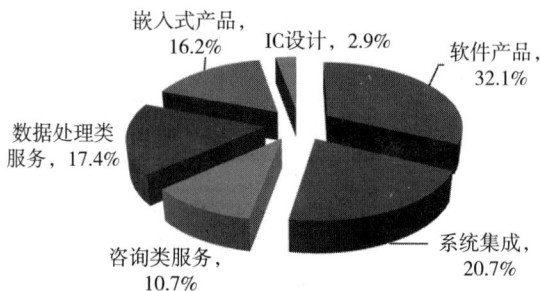

图1-5　2013年1—11月软件产业分类收入构成情况

资料来源：工业和信息化部运行局，2013年12月。

三、软件出口延续低增长，外包服务增势放缓

受宏观经济形势弱势复苏、人民币汇率居高不下等因素影响，中国软件业出口虽出现好转的迹象，但仍未摆脱2011年下半年以来的低增长态势。2013年1—11月，中国软件实现出口371亿美元，同比增速为13.7%，比2012年高出0.9个百分点，但比2011年增速低13.2个百分点。其中,嵌入式软件出口延续低增长，同比增长11.4%，比行业出口增速低2.3个百分点，但比2012年同期高出5.6个百分点；外包服务出口也继续放缓，共完成收入81.8亿美元，同比增长17.6%，比软件出口增速高出3.9个百分点，但比2012年同期低21.7个百分点，对软件出口增长贡献率为22%，低于2012年同期1.6个百分点。

从2008—2013年11月软件出口增长情况看，中国软件出口从2008年的142亿美元增长到2013年11月的310.7亿美元，4年增长了218.8%，年均增长21.6%。

图1-6 2008—2013年11月中国软件出口增长情况

资料来源：赛迪智库，2014年2月。

从月度出口增长情况看，2013年1—11月中国软件出口月度波动反复特征明显，波动幅度为10.1%—19.7%。虽然除了5月和6月，中国软件出口月度增速高于2012年同期增速，但仍大大低于2011年以前30%以上的增速。

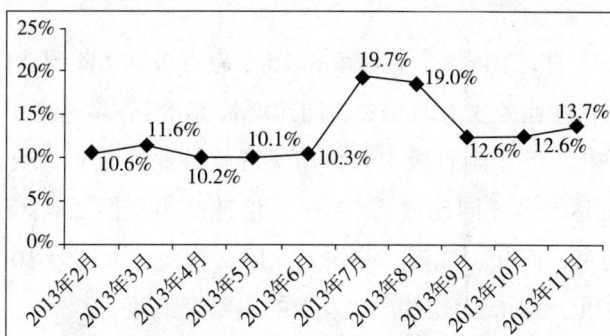

图1-7 2013年1—11月中国软件出口增长情况

资料来源：工业和信息化部运行局，2013年12月。

从软件出口占软件业务的比重看，自2008年金融危机发生以来，我国软件出口需求逐年下降，占软件业务比重从2008年的12.8%下降至2013年1—11月的8.1%。

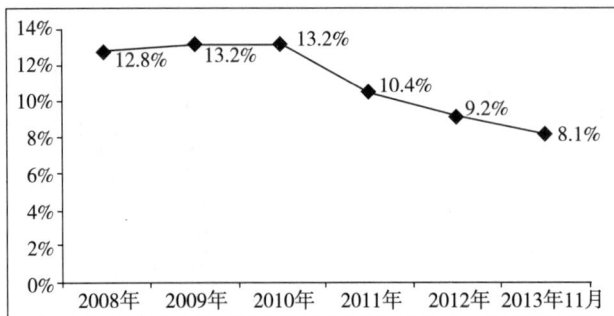

图1-8　2008—2013年11月软件出口占比情况

资料来源：赛迪智库，2014年2月。

四、产业集聚效应进一步凸显，中心城市持续领先

2013年1—11月，中国4个直辖市和15个副省级城市实现软件业务收入2.3万亿元，占全国软件业务收入的81%，同比增长27.8%，增速高于全国平均水平3个百分点。其中，15个副省级中心城市实现软件业务收入1.59万亿元，占全国软件产业比重达56%，同比增长27.6%，增速高出全国2.8个百分点。北京、深圳、上海、南京、广州、成都、杭州、沈阳、济南、大连等10个城市软件业务规模超过1000亿元，成为软件产业发展的主要聚集地。

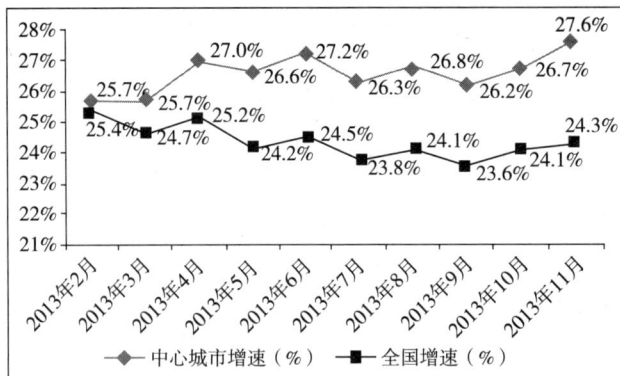

图1-9　2013年1—11月中心城市软件业务收入增长情况

资料来源：工业和信息化部运行局，2013年12月。

从中心城市软件产业构成情况看，2013年1—11月，15个副省级中心城市软件产品增速为30.1%，高出全国5.3个百分点；数据处理和运营服务收入增速达31.7%，比全国增速高6.9个百分点；系统集成收入增速为30.2%，高出全国平均增速5.4个百分点。

从软件名城产业集聚情况看，2013年1—11月，南京、济南、成都、深圳、广州等5个软件名城共实现软件业务收入9154.1亿元，占全国的比重为32.2%。其中，成都市的产业集聚度排名第一，占四川省软件产业规模的比重达95.2%；深圳市排名第二，占当地软件产业规模的比重为60.3%；济南、南京、广州分别位居第三、第四、第五，占比分别为58.5%、46.7%、32.4%。

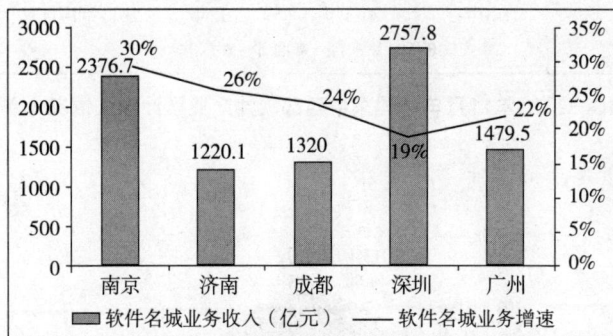

图1-10　2013年1—11月中国软件名城软件业务收入情况

资料来源：工业和信息化部运行局，2013年12月。

五、东北和中部地区增长较快，东部地区稳中有落

2013年1—11月，东北地区增长最快，实现软件业务收入2924亿元，占全国的比重分别为10.3%，同比增长29.9%，增速高于全国5.1个百分点，其中辽宁省增速高达32%；中部地区增长加速，完成软件业务收入1186亿元，占全国的比重为4.2%，同比增长26.9%，比2012年同期提高5.2个百分点，西部地区增长平稳，实现软件业务收入2973亿元，同比增长26.9%，占全国的比重为10.5%，增速高出全国2.1个百分点，较2012年同期降低1.9个百分点；东部地区是软件产业的发达地区，出现稳中有落态势，共完成软件业务收入2.13万亿元，

占全国的比重为 76%，同比增长 23.7%，增速低于 2012 年同期 3.7 个百分点，其中江苏、浙江、福建等东部地区省市增速均超过 30%，成为东部地区软件产业发展的重要省市。

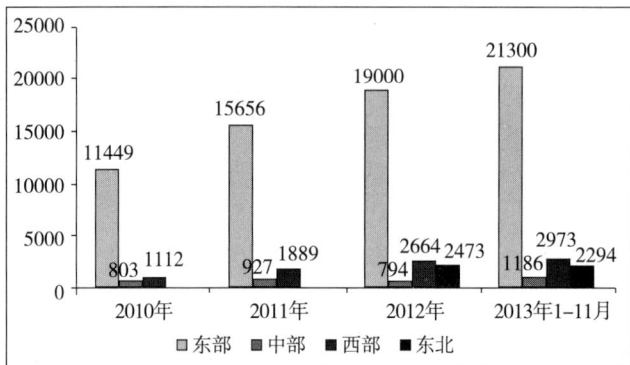

图1-11 2010—2013年11月年中国东中西部软件产业累计收入情况（单位：亿元）

资料来源：赛迪智库，2014 年 2 月。

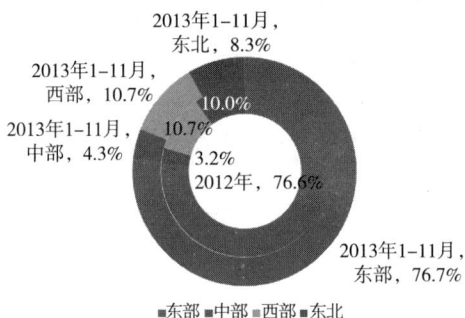

图1-12 2012—2013年11月中国东中西部软件产业收入所占比重

资料来源：工业和信息化部运行局，2013 年 12 月。

六、软件产业从业人员队伍不断壮大，但结构不合理

作为知识技术密集的绿色产业，人才是软件产业发展的关键要素。伴随软件产业的快速发展，中国软件产业的从业人员队伍不断壮大。2013 年 1—11 月，中国软件产业从业人员规模约为 580 万人，同比增长 13.6%，工资总额增长

17.9%，从业人员较 2005 年的 90 万人增长了 6 倍多，年均增长 26.2%。

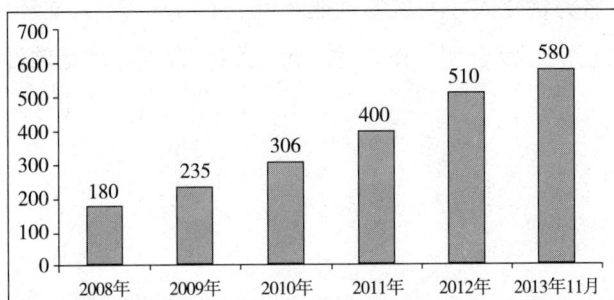

图1-13　2008—2013年11月软件产业从业人员增长情况（单位：万人）

资源来源：赛迪智库，2014 年 2 月。

2013 年 1—11 月，从业企业达到 31866 家，增加了 5664 家企业，同比增长 21.6%。相比 2008 年 16194 家企业，从业企业增加 15000 多家，平均每年增加 3000 多家软件企业。2008—2013 年 1—11 月软件企业个数增长情况如图 14 所示。

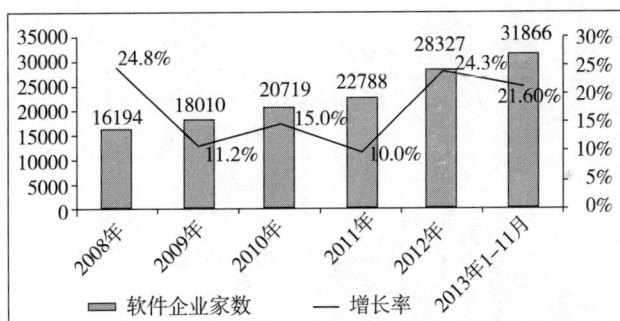

图1-14　2008—2013年11月软件企业个数增长情况

资料来源：赛迪智库，2014 年 2 月。

从软件产业人才构成情况看，中国软件产业持续和稳步发展不仅需要熟练的程序员、系统分析及设计人员，而且需要既懂技术又懂管理的软件高级人才。当前，中国软件人才结构还不合理，正从橄榄形（缺少高级人才和基础程序员）逐渐向梯形结构过渡（缺乏高端人才），尚未形成金字塔形结构。为促进中国软件产业的快速发展，提高软件企业的核心竞争力，需要紧紧围绕软件园区产业优化升级需要和产业发展趋势，构建政府主导、企业主体、市场运作相结合的人才开发和服务体系，抓住人才培养、引进、使用三个环节，创新人才工作手段，完善人才工作机制，努力优化人才发展的创业环境、生活环境、人文环境和制度环境，着力培养一批高层次、复合型领军人才，形成结构合理、满足软件产业发展需要的人才队伍。

第二章　2013年中国软件产业发展特点

2013 年，面对国内外宏观经济和 IT 产业发展形势的新趋势、新变化，中国软件产业加快产业资源整合和转型调整步伐，着重布局云计算、物联网、大数据等新兴领域，强化自主创新，不断增强产业发展的主导权。在产业运行层面，主要呈现如下特点：

一、产业创新能力进一步增强

我国软件企业通过自主创新，产品质量、应用水平和服务能力均获得较大提升，并在基础软件、行业应用软件领域形成了诸多具有自主知识产权的软件产品，在企业管理、互联网、信息安全等方面占据市场优势地位。

基础软件领域，操作系统、数据库、中间件和办公套件等软件取得较大突破，产品性能、稳定性、兼容性和易用性大幅提升，中标麒麟操作系统、中科红旗操作系统、人大金仓数据库、南大通用、武汉达梦数据库、中创中间件、金蝶中间件、东方通中间件、金山办公软件、红旗 2000、永中 office 等国产基础软件产品在国防、国安、公安、政府内网、金融等领域广泛使用。

应用软件领域，企业管理、互联网、交通软件、地理信息、信息安全等领域的产品技术创新能力不断增强，应用逐步普及，涌现出用友管理软件、金蝶管理软件、启明星辰安全产品、数码大方 CAD、超图 GIS 平台、久其 BI、科大讯飞智能语音、高德地图、海康威视智能视频、腾讯微信、百度搜索等一批自主品牌软件产品，具备较强的市场影响力。

新兴领域，云计算、移动互联网、大数据等新技术、新模式得到越来越多用户的认可，应用领域不断拓展，成为产业的新增长点。例如，在政务、文化、教育、医疗、金融、交通、能源等领域，云计算的运用可以满足数据共享、在线服务等需求，提高社会管理水平；在装备制造、医疗化工等传统行业领域，通过专有云解决方案和专门的云模式应用软件，云计算可以满足企业和行业专有元建设的需求，推动传统行业转型升级。大数据方面，拥有高性能处理平台的企业在多媒体智能搜索、精准营销、金融服务等领域开展大数据创新应用；拥有大数据资源的机构开始拓展大数据挖掘分析，并探索交通、医疗等领域的数据存储、数据挖掘、辅助决策等大数据服务。

二、企业业务转型步伐加快

当前，传统软件产业正不断与新技术、新业务形态、新商业模式互动融合，产业加速从"个体竞争"向"体系竞争"转变，从"封闭"向"开放"转变，从"桌面、单机、本地"向"云、网络、移动"转变。面对新的挑战和更高的要求，软件企业纷纷加快业务转型步伐，通过产品创新、技术创新、营销模式创新、品牌创新等全方位创新实现体系重构、突出核心优势，提高行业地位。

产品创新方面，华为、海尔集团、浪潮集团、华胜天成等企业加快在云计算领域进行产品开发与市场化，云计算收入对企业软件业务总收入的占比快速增大；石化盈科、银江股份、广联达、恒生电子、浙江大华等企业不断丰富在智能交通、金融、石油、安防监控等领域的行业解决方案，集成能力的增强带来收入来源的拓展。

业务转型方面，一方面，大批骨干企业加快由产品主导向服务化、网络化转型，进一步深化产品和服务的融合互动，实现了较快增长。海尔集团等家电类企业和方正集团、同方股份、用友软件、金山软件等传统信息技术企业纷纷加快向增值服务提供商转型，积极开拓各类增值服务，将主营业务由软件产品开发向信息服务与解决方案提供延伸。浙江大华、华胜天成、金山软件、广联达等企业因业务转型较快，软件业务收入增速超过30%。另一方面，中兴通讯、国脉科技、四维图新、联信永益、思创数码等企业由于业务转型迟缓等因素影响，甚至软件业务收入下降。

三、骨干企业竞争力不断提升

经过多年的快速发展，我国已形成一批具有自主知识产权、知名品牌与相当收入规模的大型骨干企业，其竞争力不断增强。2013年，重点监测的中国软件业务收入前百家企业累计完成软件业务收入3667亿元，同比增长7.8%，占全国收入的14.7%。累计完成软件业务收入较2005年的904亿元增长了305.6%，年均增长22.1%（见下图）。

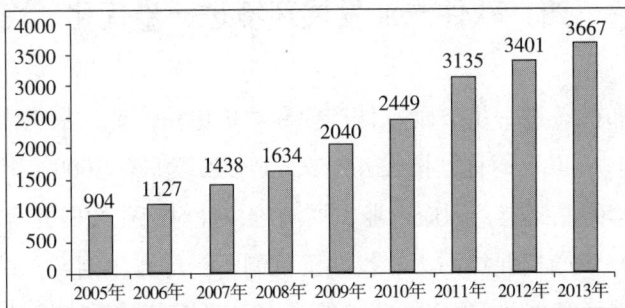

图2-1　2005—2013年软件收入前百家企业软件业务收入增长情况（单位：亿元）

资料来源：赛迪智库，2014年2月。

从企业规模看，华为是唯一一家软件业务收入超过1000亿元的企业，标志着我国首次出现软件业务收入达千亿元级的企业；50亿元~100亿元的企业有13家，比2012年增加4家。2013年，软件收入前百家企业业务收入最低水平为7.8亿元，比上届提高1.8亿元，较2002年首届软件百强企业的入围门槛提高了5.7亿元。

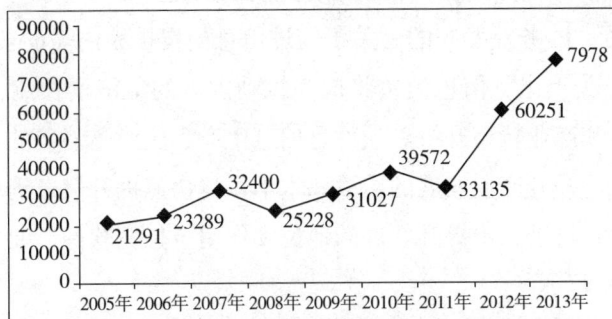

图2-2　软件收入前百家企业入围底线变动情况（单位：万元）

资源来源：赛迪智库，2014年2月。

从研发投入情况看,软件收入前百家企业研发投入持续增长。2013年,软件收入前百家企业投入软件研发经费628亿元,同比增长17.8%,比百家企业收入增速高出10个百分点,研发经费占主营业务收入比重为9.5%,比上一届高1.3个百分点;软件研发人员人数为24万人,比上一届增加4万人,同比增长20%。在加大研发投入同时,软件收入前百家企业加快产业链整合,并加紧布局云计算、物联网、移动互联网、视频监控、智能交通、信息安全等新兴和热点领域。

四、软件产业发展环境进一步优化

国务院发布的《进一步鼓励软件产业和集成电路产业发展的若干政策》(国发〔2011〕4号)(以下简称"国发4号文")在延续原有2000年国发18号文件大部分优惠政策的基础上,顺应产业发展潮流,针对产业发展的薄弱环节以及创新能力不足、知识产权保护不力、投融资机制不畅等突出问题,综合运用财税、金融、教育、市场等多种手段进一步完善软件产业政策体系,推动软件产业的健康持续发展。"国发4号文件"发布后,中国各级地方政府加快制定和完善扶持政策,所得税、营业税等优惠政策加速落地,进一步优化了产业发展环境,提高了产业发展质量和水平。

工业和信息化部发布的《软件和信息技术服务业"十二五"发展规划》为软件产业发展明确了方向。规划在总结"十一五"软件和信息技术服务业发展成就、分析面临形势的基础上,明确了"十二五"的发展思路和发展目标,确定了10项发展重点和8项重大工程,提出了相关政策措施。

2013年8月,国务院发布的《关于促进信息消费扩大内需的若干意见》(国发〔2013〕32号)提出,信息消费将成为拉动内需的经济增长点,同时也将促进经济结构调整和产业转型升级。软件是信息生产、流通、消费的核心引擎,加快软件产业发展、提升产业发展的质量和水平,将快速提升信息消费能级。信息消费政策的出台,将进一步提升软件的地位和作用,拓宽软件产业发展空间,优化产业发展的环境。

五、软件服务外包行业加速整合

近年来，欧美、日等国家经济不景气，使得这些国家的服务外包业务大幅减少，或向成本更低的国家和地区转移。加上人口红利优势逐步弱化、人民币升值、行业恶性竞争、美国"内包"潮等因素的影响，我国软件服务外包行业生存环境日趋艰难，竞争优势不断弱化。2013 年，中日关系趋紧导致新用户开拓较为困难、日元持续贬值、国内日趋恶化的经营环境等因素叠加，使我国面向日本的软件服务外包单纯依靠人力成本优势的传统发展模式难以为继，项目收款难、商务成本上升、传统业务模式面临低单价与人员流失双重危机等现实问题将竞争能力较弱的中小企业推向淘汰边缘，大企业通过并购、私有化等方式加快转型步伐，行业步入竞争力整合期。

并购整合成为服务外包企业转型升级的重要途径。通过并购整合，国内软件服务企业加快全球化战略布局，同时积极拓展高附加值的新业务，向价值链的高端延伸。例如，文思海辉合并后继续加快人员、组织架构、流程、文化等方面整合，提升在服务外包领域的竞争力；博彦科技由于非公开发行进度低于预期，2013年没有完成大规模并购，但制定了未来每年外延式扩张不低于前一年度收入规模25% 的目标。

六、国外巨头借助新兴领域加速抢占我国 IT 市场

云计算、物联网、移动互联网和大数据等是软件产业的新增长点，对于企业、产业和经济社会发展都有战略性意义。国际软件大企业已深刻认识到新兴领域的重大契机，通过加速并购、发布新产品等方式加快其在新兴领域的布局。2013年以来，IBM、赛门铁克、Salesforce 等国际软件大企业进一步加快在新兴领域的并购步伐。

同时，微软、亚马逊、IBM 等国外巨头就公有云服务落地中国迈开实质性步伐，其中微软的云服务 Azure 已正式在中国开展运营。国外巨头的强势进入，使我国云计算发展面临市场份额流失、云计算自主发展难度增大和相关安全风险加大等挑战。同时，IBM、甲骨文、SAP 等国外巨头凭借自身的体系化优势，加快布局

我国大数据市场。云计算、大数据作为战略性新兴产业的重要组成部分,影响力广,涉及硬件、软件和信息技术服务等整个电子信息产业体系。因此,国外巨头在云计算、大数据领域的强势进入,势必会影响我国 IT 行业的整体发展,面临延续"强者恒强,弱者恒弱"的落后局面。微软云服务 Azure 已经获得金蝶软件、观致汽车、人人网、PPTV 和蓝汛通信等本土客户。其中,观致汽车表示其业务 QorosQloud 除移动客户端以外的所有开发、测试工作都在 Windows Azure 云端完成。国外云服务的落地不仅将加大信息安全风险,增强了我国软件和信息技术服务企业的竞争压力。我国相关企业如果不加快发展,势必在掌控新兴领域主动权方面又迟人一步。

第三章　2013年中国软件产业政策解读

一、软件企业认定管理办法

2013年2月6日，工业和信息化部会同国家发展和改革委员会、财政部、国家税务总局联合发布了《软件企业认定管理办法》（工信部联软〔2013〕64号）（以下简称《办法》）。《办法》于2013年4月1日实施。

（一）政策背景

为加快我国软件产业发展，2000年6月国务院发布了《国务院关于印发鼓励软件产业和集成电路产业发展若干政策的通知》（国发〔2000〕18号文）（以下简称18号文件），明确提出建立软件企业认定制度。为贯彻落实18号文件精神，规范行业发展，原信息产业部会同教育部、科学技术部、国家税务总局制定了《软件企业认定标准及管理办法（试行）》（信部联产〔2000〕968号）（以下简称原办法），在全国建立了软件企业认定工作体系，开展了软件企业认定工作。十多年来，软件企业认定工作稳步有序开展，取得良好成效。软件企业认定已成为落实软件产业政策、加强软件行业管理的重要基础性和专业性制度，在扶持企业发展、促进软件产业变大变强等方面发挥了重要作用。

随着信息技术的快速发展和经济社会发展需求的多元化，云计算、物联网、移动互联网等新一代信息技术产业技术和应用不断发展和升级，软件网络化、服务化、平台化、融合化的发展趋势更加深化，新技术、新业态、新模式不断涌现。与此同时，软件企业群体也在发生显著变化，越来越多的以信息技术服务为主业的企业和互联网企业正在成为软件产业发展新的主体力量，这都对软件产业管理和规范发展提出了新的要求。2011 年 1 月，国务院发布了《国务院关于印发进一步鼓励软件产业和集成电路产业发展若干政策的通知》（国发〔2011〕4 号）（以下简称 4 号文件），进一步加大对软件产业的扶持，提出"提高产业发展质量和水平，培育一批有实力和影响力的行业领先企业"。为适应新形势下软件产业发展和行业管理的需要，切实落实好 4 号文件的有关政策措施，工业和信息化部根据《国家发展改革委关于落实进一步鼓励软件产业和集成电路产业发展若干政策工作分工的通知》，会同国家发展改革委、财政部、国家税务总局研究制定了《办法》。

（二）主要内容

一是采用了章节式的文体结构。原办法没有分章节，共计 27 条；本办法按照依法行政的需要，遵循行政许可法的要求，在结构上进行了优化和调整，共分为总则、认定条件和程序、行业规范、监督管理、附则 5 章 26 条，更为清晰和规范。

二是进一步明确了企业认定范畴。对比原办法中的"软件业务收入"，软件产品开发销售（营业）收入的范围进一步扩展，明确涵盖了信息系统集成服务、信息技术咨询服务、数据处理和存储服务等信息技术服务业务，从而将信息技术服务类企业纳入认定管理范围。

三是调整了认定工作体系。原工作体系涉及信息产业、教育、科技、税务四部门，新工作体系涉及工信、发改、财政、税务四部门。在新工作体系下，认定工作的组织管理继续由工信部门负责，其他部门根据部门职责做好相关工作；取消了授权软件企业认定机构的管理模式，进一步明确由省级产业主管部门负责管理本行政区域内的软件企业认定工作。

四是优化了认定工作程序。建立和完善了软件企业认定、公示、年审和异议处置制度，以及软件企业变化报备制度、同级部门协同工作机制，特别是进一步明确和规范了公示、备案、发证以及年审的流程和时限要求。

五是调整了认定条件和标准。软件企业的认定条件和标准与财税〔2012〕27号文件的有关规定和条件一致，调整了软件产品开发销售（营业）收入的占比、软件产品自主开发销售（营业）收入的占比、研发费用的占比以及研发人员的占比等，进一步强化了拥有核心关键技术、知识产权以及研发环境和质量保障等要求。

六是新增了行业规范。结合软件产业发展趋势和技术产品应用特点，从规范和服务两个角度，以专章的形式新增了行业规范的内容，提出了加强诚信体系建设、推动软件行业自律、软件产品和服务符合国家相关标准和规范、鼓励软件企业创新发展以及企业经济运行数据和信息报送等要求。

七是强化了监督管理。规定了对省级主管部门、中国软件行业协会以及地方相应机构的监督管理要求，进一步明确了责任主体违规行为的监督处罚措施。

（三）政策分析

一是关于软件企业收入的定义。本《办法》中软件企业的有关条件均援引财税〔2012〕27 号文件的相关规定。因此，根据财税〔2012〕27 号文件第十六条规定，软件企业的软件产品开发销售（营业）收入，是指软件企业从事计算机软件、信息系统或嵌入式软件等软件产品开发并销售的收入，以及信息系统集成服务、信息技术咨询服务、数据处理和存储服务等技术服务收入。

二是关于明确各部门职责。国家层面，由工业和信息化部、国家发展和改革委员会、财务部、国家税务总局根据部门职责做好相关工作。工业和信息化部负责组织管理全国软件企业认定工作，并明确了五项具体职责；地方层面，规定省级软件产业主管部门为本行政区域内软件企业认定工作的责任主体，负责制定工作细则、管理制度，管理认定和年审、受理和处理异议申请等工作。同时，明确中国软件行业协会及地方相应机构是配合开展政策实施情况评估等工作，并由中国软件行业协会将有关情况汇总后及时报送国家四部委。

三是关于软件企业认定条件。本《办法》采取直接引用财税〔2012〕27 号文件有关规定的方式，相应提高了软件收入比例、研发费用比例、自主软件产品收入比例等定量指标，并对人才、知识产权、质量体系、研发环境等提出了要求。在软件业务收入方面，从"年软件销售收入占企业年总收入的 35% 以上"提高到"软件企业的软件产品开发销售（营业）收入占企业收入总额的比例一般不低于 50%"，其中自主开发的软件产品收入由"占软件业务收入的 50% 以上"调整到"占企业收入总额的比例一般不低于 40%"，自主软件产品收入的占比参照由原先的"企业软件业务收入"转变为"企业收入总额"。同时结合市场发展实际，针对从事嵌入式软件产品和信息系统集成产品业务的软件企业，软件产品收入和自主软件产品收入的比例适当降低。在研发费用方面，由"占企业年软件收入8%以上"提高到"不低于企业销售（营业）收入总额的6%"，且强调了企业在中国境内的研发费用比例超过60%，引导和鼓励企业加大在国内的研发力度。在人才方面，新的认定条件更易于操作和考核，增加了签订劳动合同关系、具有大学专科以上学历等前提条件。在软件产品和技术服务质量保证方面，企业认定条件除了规定"建立符合软件工程要求的质量管理体系"外，还要求"提供有效运行的过程文档记录"。在环境建设方面，除了以前要求的"具有与软件开发相适应的生产经营场所、软硬件设施等开发环境"，还对服务的技术支撑环境提出了要求，并对开发环境进行了列举性的解释，执行上更具操作性。

四是关于认定提交材料。明确列出了企业申请认定需提交的材料，材料要求更加的具体和明确。如需企业职工劳动合同和社会保险缴纳证明、经具有国家法定资质的中介机构鉴证的企业上一年度和当年度财务报表、经营场所购买或租赁合同以及软硬件设施清单、符合软件工程要求的质量管理体系说明、有效运行的过程文档记录等等。

五是关于软件企业认定程序。认定流程分为申请受理、审查（评审）、认定公示、备案、证书发放等环节，明确了审查的工作内容，完善了年审、异议处置、变更等程序。软件企业认定程序具体如下：（一）企业向省级主管部门提出认定申请；（二）省级主管部门自受理软件企业认定申请之日起20个工作日内按照该办法第七条规定，进行审查；（三）省级主管部门根据审查情况做出认定，并将认定的软件企业名单报送工业和信息化部；（四）工业和信息化部对省级主管部门报送的经认定的软件企业名单公示7个工作日，没有异议的，予以备案；有异议的，工业和信息化部不予备案，发回报送的省级主管部门重新审核；（五）省级主管部门根据工业和信息化部备案情况，公布本行政区域内软件企业认定名单，颁发软件企业认定证书。

六是关于行业规范管理。从加强行业管理，提升服务质量，加强标准规范，促进软件企业创新等方面进行了相关规定。重点突出软件企业应当按照国家统计法规的有关要求向工业和信息化部及时报送相关经济运行数据和信息，便于从国家层面进行软件行业监测、运行分析，为政策制定提供重要支撑。

七是关于附则的说明。明确了获得认定的软件企业可申请享受鼓励政策、新旧规定的衔接、认定证书统一印制、办法解释以及实施日期等。重点突出了新旧政策衔接问题，强调了针对 2011 年 1 月 1 日之前完成认定的软件企业，在享受企业所得税优惠政策期满前，仍按照原办法认定条件进行年审；2011 年 1 月 1 日前未完成认定的，须按照该办法进行认定和年审，并按相关规定享受相关鼓励政策；2011 年 1 月 1 日之前完成认定且享受企业所得税优惠政策期满的，需按照该办法重新认定，但不得享受财税〔2012〕27 号文件第三条规定的优惠政策。软件企业证书采取正、副本的形式，副本与正本具有同等法律效力，主要方便企业用于招投标等一系列经营活动。

总体而言，从《办法》制定和实施来看，《办法》主要对省级产业主管部门在行业管理方面产生了重大影响，进一步强化了省级软件产业主管部门在软件企业认定工作中的责任主体地位，取消了工业和信息化部授权省级软件行业协会为软件企业认定机构的做法。

考虑到实际情况和做好全国软件企业认定工作的需要，省级软件产业主管部门要根据《办法》，加紧研究制定本行政区域内的软件企业认定工作细则和管理制度并报备，需要认真研究如何利用好原有的认定工作体系和力量，特别是要注重发挥行业协会等地方相应机构"熟悉行业、贴近企业"的优势和作用，确保认定工作的延续性和稳步有序开展。

省级软件产业主管部门还要按照《办法》有关条款规定，研究加强与同级发展改革、财政、税务部门的沟通与协调，为软件企业认定工作的顺利开展创造条件，为经认定的软件企业享受税收等优惠政策提供主动、优质的服务。

二、关于执行软件企业所得税优惠政策有关问题的公告

（一）政策背景

为落实《国务院关于印发进一步鼓励软件产业和集成电路产业发展若干政策的通知》（国发〔2011〕4 号），财政部、国家税务总局下发了《财政部 国家税务总局关于进一步鼓励软件产业和集成电路产业发展企业所得税政策的通知》（财税〔2012〕27 号），国家税务总局发布了《国家税务总局关于软件企业和集成电路企业认定管理有关问题的公告》（国家税务总局公告 2012 年第 19 号），工信部、发展改革委、财政部及税务总局联合下发了《软件企业认定管理办法》（工信部

联软〔2013〕64号）。然而，各地方在实际工作执行过程中，仍不断反映出一些政策层面的问题，迫切需要加以解决。为此，国家税务总局会同财政部对有关问题积极进行了研究，根据已达成的一致意见，国家税务总局制订下发了《国家税务总局关于软件企业所得税优惠政策问题的公告》（以下简称公告），主要是针对财税〔2012〕27号文件政策层面的未尽事宜加以明确，切实解决软件企业所得税优惠政策执行过程中存在的突出问题。

（二）主要内容

在本公告中，国家税务总局经过与财政部会商，将贯彻落实软件企业所得税优惠政策有关问题公告如下：

一、软件企业所得税优惠政策适用于经认定并实行查账征收方式的软件企业。所称经认定，是指经国家规定的软件企业认定机构按照软件企业认定管理的有关规定进行认定并取得软件企业认定证书。

二、软件企业的收入总额，是指《企业所得税法》第六条规定的收入总额。

三、软件企业的获利年度，是指软件企业开始生产经营后，第一个应纳税所得额大于零的纳税年度，包括对企业所得税实行核定征收方式的纳税年度。软件企业享受定期减免税优惠的期限应当连续计算，不得因中间发生亏损或其他原因而间断。

四、除国家另有政策规定（包括对国家自主创新示范区的规定）外，软件企业研发费用的计算口径按照《国家税务总局关于印发〈企业研究开发费用税前扣除管理办法（试行）〉的通知》（国税发〔2008〕116号）规定执行。

五、2010年12月31日以前依法在中国境内成立但尚未认定的软件企业，仍按照《财政部国家税务总局关于企业所得税若干优惠政策的通知》（财税〔2008〕1号）第一条的规定以及《软件企业认定标准及管理办法（试行）》（信部联产〔2000〕968号）的认定条件，办理相关手续，并继续享受到期满为止。优惠期间内，亦按照信部联产〔2000〕968号的认定条件进行年审。

六、本公告自2011年1月1日起执行。其中，2011年1月1日以后依法在中国境内成立的软件企业认定管理的衔接问题仍按照国家税务总局公告2012年第19号的规定执行；2010年12月31日以前依法在中国境内成立的软件企业的政策及认定管理衔接问题按本公告第五条的规定执行。集成电路生产企业、集成电路设计企业认定和优惠管理涉及的上述事项按本公告执行。

（三）政策分析

一是该公告明确了实行核定征收的软件企业享受所得税优惠政策的相关问题。一方面，依据财税〔2009〕69号文件的规定精神，核定征收企业不得享受企业所得税优惠，而软件企业优惠属于企业所得税优惠的一项重要内容，因此，公告明确该项优惠仅适用于实行查账征收的软件企业。另一方面，对实行核定征收与查账征收方式之间进行转换的企业获利年度问题加以明确。由于核定征收企业不能享受相关税收优惠，企业所得税实行核定征收方式的年度，同时由于存在事实上的应纳税额，因此，视为企业获利年度的开始，此时由于企业不是查账征收企业，不能享受软件企业优惠。对于这种情况，五年减免税的优惠期起始应从核定征收的年度计算。

二是公告对财税〔2012〕27号文件关于获利年度的概念进一步加以明确，即指企业开始生产经营后的第一个应纳税所得额大于零的纳税年度。并提出了对有关软件企业享受定期减免税的优惠期应当连续计算的要求，不得因中间发生亏损或其他原因而间断。另外，由于企业所得税定期减免税优惠属于按年度计算的优惠方式，在涉及到企业年度中间开业情形时，本着合理性原则，公告允许年度中间开业的软件企业做出选择。

三是财税〔2012〕27号文件对2011年1月1日后依法成立的软件企业享受优惠问题有明确的规定，对2010年12月31日前依法成立的软件企业，已完成认定的，其享受优惠问题也有明确的规定，但对于2010年12月31日前依法在中国境内成立的软件企业，由于种种原因尚未完成认定的，其如何享受优惠问题则不够明确。为此，本着"老人老办法、新人新办法"的处理原则，公告规定对此类软件企业仍应按照《财政部 国家税务总局关于企业所得税若干优惠政策的通知》（财税〔2008〕1号）第一条的规定及原软件企业认定办法，继续享受到优惠期满为止。

四是鉴于财税〔2012〕27号文件自2011年1月1日起执行，作为财税〔2012〕27号文件补充性质的公告，本着有利纳税人的追溯原则，公告规定的有关事宜也应自2011年1月1日起执行。

三、国家规划布局内重点软件企业和集成电路设计企业认定管理办法

（一）政策背景

2012 年 8 月，国家发展改革委、工业和信息化部、财政部、商务部、税务总局联合发布了《关于印发〈国家规划布局内重点软件企业和集成电路设计企业认定管理试行办法〉的通知》（发改高技〔2012〕2413 号）（以下简称《办法》），以进一步规范国家规划布局内重点软件企业和集成电路设计企业认定工作，扶持龙头骨干企业发展。

（二）主要内容

《办法》分总则、申报条件、申报材料、认定程序、工作要求、罚则、附则 7 章 29 条，自发布之日起施行。与 2005 年的《国家规划布局内重点软件企业认定管理办法》，本次发布的《办法》与产业发展新形势、新态势相适应，进行了适当修改，主要表现在四个方面：

一是对认定工作组织体系进行调整。在中央层面，工作负责部门新增了财政部，即由国家发展和改革委员会、工业和信息化部、财政部、商务部、国家税务总局 5 部委组成认定主管部门，组织体系得到进一步健全。在地方层面，认定机构由中央部委对应的地方相关部门组成，即各省、自治区、直辖市和计划单列市发展改革委、工业和信息化、财政、商务、税务主管部门。由地方产业主管部门直接受理企业的认定申请、材料核实等工作，突出了地方产业主管部门在认定工作中的职责作用，实际操作性更强。中国软件行业协会则配合开展政策实施情况评估等工作。

二是认定资格有效期得到延长。规划布局企业由之前的逐年认定改为每两年认定一次，企业的认定资格有效期则相应的由一年延长到两年。这一延长，对获认定企业持续享受优惠政策、实现健康稳定发展具有积极意义。

三是企业认定门槛显著提高。对第一类龙头型企业，年度软件产品开发销售（营业）收入总额的标准由 1 亿元提高至 1.5 亿元，当年不亏损的条件保持不变；对第二类特色型企业中，申报标准由"在年度重点支持软件领域内销售收入前五位"转变为"在认定主管部门发布的支持领域内综合评分位居申报企业前五位"，

销售收入不再是唯一的认定标准。同时，申报企业还需同时符合财税〔2012〕27号文规定的条件。企业认定门槛的提高，体现出我国龙头骨干企业发展规模的不断扩大和发展实力的不断增强，也与我国进一步扶持世界级龙头骨干企业发展的工作目标相一致。

四是企业认定体系更为科学。由之前以软件业务收入作为主要认定标准，转变为对申报企业依据评价指标体系进行综合评比，是《办法》最大的亮点之一。评价指标体系由研发水平、经营水平、发展潜力和支撑带动作用等4个大项及相关17个小项指标构成，考虑较为全面，表明国家对龙头企业的认定，内涵更为丰富。不仅要体现在收入规模上，也注重企业的创新能力、成长性以及对上下游产业链的带动作用等。这不仅契合软件产业作为经济增长"倍增器"、发展方式"转换器"、产业升级"助推器"的产业地位，也充分体现了国家对软件企业要由做大转为做大做强的政策需求的转变。

（三）政策分析

国家规划布局内重点软件企业认定是我国支持龙头骨干企业发展的一项重要工作，也是落实"18号文件"、"国发4号文件"相关政策的重要基础。自2002年开展认定工作以来，我国已认定了8批国家规划布局内重点软件企业，有效落实了"减按10%税率征收企业所得税"的优惠政策，有力地推动了重点软件企业的培育和发展，并在工作实践中表现出实际认定门槛逐步提高、认定标准进一步向特色领域倾斜等特征。

此次修订，是继2001年《国家规划布局内的重点软件企业认定管理办法（试行）》发布、2005年《国家规划布局内重点软件企业认定管理办法》出台后，对相关工作的又一次优化完善，相信新政策的实施和其后2012年国家规划布局内重点软件企业认定工作的开展，将给我国软件产业和龙头骨干软件企业的发展提供更强的驱动力。

四、"宽带中国"战略及实施方案

（一）政策背景

宽带网络是新时期我国经济社会发展的战略性公共基础设施，发展宽带网络对拉动有效投资和促进信息消费、推进发展方式转变和小康社会建设具有重要支撑作用。从全球范围看,宽带网络正推动新一轮信息化发展浪潮,众多国家纷纷将发展宽带网络作为战略部署的优先行动领域,作为抢占新时期国际经济、科技和产业竞争制高点的重要举措。近年来,我国宽带网络覆盖范围不断扩大,传输和接入能力不断增强,宽带技术创新取得显著进展,完整产业链初步形成,应用服务水平不断提升,电子商务、软件外包、云计算和物联网等新兴业态蓬勃发展,网络信息安全保障逐步加强,但我国宽带网络仍然存在公共基础设施定位不明确、区域和城乡发展不平衡、应用服务不够丰富、技术原创能力不足、发展环境不完善等问题,亟需得到解决。2013年8月1日,国务院印发《"宽带中国"战略及实施方案》,旨在加强战略引导和系统部署,推动我国宽带基础设施快速健康发展。

(二)主要内容

宽带就是信息网络时代的高速公路,在支持推动经济与产业发展方面有着巨大作用。众所周知,网络化已成为现代信息技术产业的重要发展趋势之一,现代信息技术产业的技术创新、业务创新与网络发展日益深度耦合,难以分割,互联网已成为软硬件产品开发、部署、运行和服务的主要平台。在此形势下,宽带中国战略的实施,将使宽带这条高速公路更加畅通,将优化信息技术发展与应用环境,支持并推动现代信息技术产业的快速发展。

一是支持推动软件和信息技术服务的发展。随着互联网的快速发展以及新型网络的构建,人们越来越多地通过网络来使用软件,软件和信息技术服务业正在从"以机器为中心"向"以网络为中心"转变,基于网络的软件服务化已成为趋势。特别是网络的宽带化以及技术的进步,基于网络架构,多媒体实时通信、视频点播、网络游戏、移动位置业务等越来越多的新兴业务和增值服务能够随时以低廉的价格,提供便捷的服务和产品。"宽带中国"战略的实施,将提供更佳的互联网络环境,支持推动基于网络的新技术、新模式、新业态快速发展,进一步驱动我国软件产品和信息技术服务走上网络化发展的道路,加速产业的转型升级步伐,进而支持国内软件和信息技术服务企业利用宽带网络优势提高产品与服务的市场竞争力。

二是支持推动各类电子信息产品的发展。宽带网络的建设与发展,以及基于宽带网络的信息服务业务的丰富与推进,为电子信息产品带来新的发展机遇。宽带网络的建设,将直接推动高性能路由器、大容量汇聚交换设备、智能网关等网络关键设备及关键设备核心芯片、高端光电子器件等高端产品的研发与产业化；宽带网络的应用，将有力地促进智能手机、平板电脑、智能电视、智能机顶盒、智能手表、智能眼镜各类智能终端产品的繁荣与发展，创新电子信息产品形态，拓展电子信息产品范围和应用领域，将为用户带来全新体验，为产业创造更大发展空间。

三是支持推动云计算、物联网等的普及。云计算所以能够实现对分散的计算、存储等软硬件资源的集中动态调度，就是以信息网络作为基础的。虽然说，在带宽不高的情况下，也能实现一些云计算服务的提供，但如果有了宽带、有了更高的带宽，能够支撑实现更多种类、更多功能、更高质量的云计算服务，特别是涉及音频、视频等多媒体传输的云计算服务的提供必须以宽带为基础。所以说，要推动云计算发展，推动云计算的应用繁荣，就需要拥有宽带网络。同样，物联网的发展也与互联网络紧密相关，只有泛在、高速的互联网络，才能更好地支撑人与人、人与物和物与物之间的信息沟通，才能更好地推动多种网络、接入、应用技术的集成，才能更好地实现商品生产、传送、交换、消费过程的信息流无缝链接。"宽带中国"战略的实施，将逐渐夯实网络设施基础，为我国云计算、物联网等新兴领域的快速发展提供更优良的条件，形成更多的增值应用，延伸原有的产业价值链，为我国抢占现代信息技术产业高端提供基础保障。

（三）政策分析

当然，必须清楚认识到的是，宽带只是基础，能否将宽带的作用充分发挥，才是事关现代信息技术产业发展的关键。为此，需要推动软硬件企业、互联网信息服务企业与电信运营商、广电内容提供商、内容分发商等企业加强合作，为产业发展打造完整的生态系统；需要加强信息安全技术与产品研制，加速信息安全相关标准规范建设，增强宽带网络安全保障能力，为信息技术产品的发展与应用提供安全可信的环境；需要进一步推进互联网络相关的资费调整，就像降低高速公路通行费一样，创造"用得起"的信息高速公路基础，让"宽带中国"战略真正落到实地。

五、关于促进信息消费扩大内需的若干意见

（一）政策背景

近年来，全球范围内信息技术创新不断加快，信息领域新产品、新服务、新业态大量涌现，不断激发新的消费需求，成为日益活跃的消费热点。我国市场规模庞大，正处于居民消费升级和信息化、工业化、城镇化、农业现代化加快融合发展的阶段，信息消费具有良好发展基础和巨大发展潜力。2013 年 8 月 8 日，国务院发布《关于促进信息消费扩大内需的若干意见》。意见提出，到 2015 年，信息消费规模超过 3.2 万亿元，年均增长 20% 以上，带动相关行业新增产出超过 1.2 万亿元，其中基于互联网的新型信息消费规模达到 2.4 万亿元，年均增长 30% 以上。基于电子商务、云计算等信息平台的消费快速增长，电子商务交易额超过 18 万亿元，网络零售交易额突破 3 万亿元。

（二）主要内容

软件和信息技术服务与信息消费的关系密切，其创新发展能够为促进信息消费提供直接动力和多层次的有力支撑。

首先，软件和信息技术服务是信息消费的重要组成部分。信息消费是以信息产品和信息服务为对象的消费，软件和信息技术服务作为典型的信息产品形式和信息服务形式，自然就成为信息消费的重要组成部分。从规模看，我国软件和信息技术服务年业务收入近 2.5 万亿元，且近年来增长速度均保持在 25% 以上，预计"十二五"末产业年收入将超过 4 万亿元，其中相当部分与信息消费有关，这为我国扩大信息消费市场，实现到 2015 年信息消费规模超过 3.2 万亿元、年均增长 20% 以上的目标提供了有力保证。从应用看，软件和信息技术服务已渗透融合到经济社会及日常生活各个领域，推动两化融合、提升行业信息化水平和基础设施智能化水平引发了对工业软件的消费，重要政务系统建设和公共服务创新引发了对社会管理软件的消费，数字化生活的不断普及更将引发潜力巨大的生活、娱乐类软件消费，这些都将带来信息消费应用空间的扩大。从内容看，近年来所涌现的云计算、物联网、移动互联网、大数据等新兴信息技术领域，其发展的灵魂与核心都与软件和信息技术服务紧密相关，由之孕育的云计算服务、物联网服务、移动互联网服务、大数据服务，以及地理信息服务、位置信息服务等新兴业

态，都将不断丰富信息消费内容。可以说，没有软件和信息技术服务，信息消费及其发展就无从谈起，要促进信息消费发展，重点之一就是要不断提升我国软件业支撑服务水平、拓展新兴信息服务业态和服务能力，推动软件和信息技术服务在经济社会各行业领域和居民日常生活中的应用。

其次，软件和信息技术服务发展能够推动其他信息消费领域的发展。除软件和信息技术服务自身外，信息消费还包括对手机、平板电脑、智能电视等智能终端产品消费，对网络影音服务、游戏娱乐服务、数字图书服务等数字内容的消费，以及通信服务、宽带网络服务、有线电视服务、移动互联网服务等网络信息服务消费。无论是终端产品的设计与制造，还是数字内容的生产、转换、加工和投送，亦或是网络信息服务的生成、传输与提供，都需要一定技术基础和支撑工具，软件和信息技术服务就是其中之一。例如，智能手机、智能电视等终端产品的发展和应用普及，与其操作系统、应用软件和服务紧密关联，如果没有软件和信息技术服务的支撑，这些产品功能和性能就会大大受到限制。同样，支撑信息服务的运营平台支撑软件，以及保障信息系统建设、运营的信息技术服务，提高信息内容制作效率和制作质量的数字内容加工处理服务，也都在促进信息产生、收集、汇总、分发和使用的过程中发挥着不可或缺的作用。

再次，软件和信息技术服务能够为实现信息消费提供有力支撑。除了直接或间接提供信息消费对象外，软件和信息技术服务还能够为信息消费的进行提供强劲助力。信息消费的实现，并不是提供了信息消费产品就能水到渠成，而是需要优化各方面因素，刺激潜在需求、催生新兴需求、满足既有需求。在此过程中，软件和信息技术服务是最有力的工具。通过提供基于互联网的信息服务普及信息消费知识，以及通过运用数据分析挖掘等软件技术与产品做好产品推荐和产品对比，能够帮助消费者加强对信息消费产品的了解，提高信息消费能力。通过运用微信、阿里旺旺等软件工具进行沟通、分享消费经验与消费心得，能够促进生产者、销售者与消费者之间和彼此的联系，理顺消费关系。通过以软件支撑电子商务平台、电子支付平台、现代物流平台等的建设、运营，能够促进电子商务、移动电子商务、电子支付等的发展与应用，使信息消费过程变得越来越便捷，消费体验越来越好。通过运用信息安全软件，能够构建起安全可信的信息消费环境，使百姓能够更加安心地进行消费。所以说，有了软件和信息技术服务，能够更好地从需求侧、消费侧促进信息消费。

（三）政策分析

展望未来，我国软件和信息技术服务产业将保持持续快速发展，软件和信息技术服务在各行业领域将得到进一步的创新应用与深度应用，在直接和间接促进信息消费方面发挥更大作用。为继续全面促进信息消费发展，可结合软件和信息技术服务的三方面作用开展工作。一是进一步提升软件和信息技术服务的能力与水平，面向重点行业领域信息技术应用需求，前瞻布局新兴领域，努力丰富软件产品种类、增强软件产品性能、提高信息技术服务能力，打造升级版的软件和信息技术服务产业。二是进一步推动软件和信息技术服务与电子信息产品制造业、数字内容产业、通信服务业的协同和融合，大力发展嵌入式软件、数字内容加工处理软件、互联网应用软件，支撑相关产品与服务的创新，形成健全的产业生态体系，实现并联式发展。三是围绕信息消费过程各环节，加快相关软件和信息技术服务创新与应用，为信息消费的进行提供有力工具与重要保障，使消费者有能力消费、有意愿消费、有心情消费，推动信息消费进入可持续的良性循环。

第四章 2013年中国软件产业热点事件

2013年，在新的产业发展形势下，随着新技术、新产品、新模式的不断涌现，在信息安全、互联网、移动互联网等领域出现很多热点事件，引起业界和社会的关注和思考。这些热点事件不仅折射产业发展的现状和趋势，而且对未来产业发展带来很多重要启示。

一、"棱镜门"事件引发的新思考

（一）事件回顾

2013年6月，美国一项代号为"棱镜"的窃听计划逐步浮出水面。据美国中情局前职员爱德华·斯诺登爆料，美国国家安全局和联邦调查局从2007年的小布什时期便开始在微软、谷歌、苹果、雅虎、Facebook、Skype、PalTalk、美国在线、YouTube等九家美国互联网公司中进行数据挖掘工作，并进入这些公司的中心服务器，可以实时跟踪用户电邮、聊天记录、音视频、文件、照片等上网信息，全面监控特定目标以及联系人的一切活动。

"棱镜"计划的监控信息类型共计10类：信息电邮、即时消息、视频、照片、存储数据、语音聊天、文件传输、视频会议、登录时间以及社交网络资料的细节。其中，包括两个秘密监视项目：一是监视、监听民众电话的通话记录，涉及通话次数、通话时长、通话时间等内容；二是监视民众的网络活动。

然而，"棱镜"项目只是美国窃听和监视项目之一，整体计划是美国从未公开的"星风"(STELLARWIND)监视计划。该计划分拆成了由美国国家安全局(NSA)

执行的 4 个监视项目,除"棱镜"外,还包括"主干道"(MAINWAY)、"码头"(MARINA)和"核子"(NUCLEON)。

（二）事件评析

我国信息安全面临以下重大挑战：

一是对我国信息安全构成极大的威胁。据棱镜门披露，美国国安局的下属部门"定制入口行动办公室"（TAO）自 1997 年开始一直从事侵入中国境内电脑和通讯系统的网络攻击，破解密码和安全防火墙，获取和复制目标信息。借此获取多项有关中国的有价值重要情报。同时，在销售给我国的网络设备、通信设备中预留"后门"，植入恶意软件，在发货前和客户安装后都能够篡改设备功能，从而参与了中国几乎所有大型网络项目的建设，包括 163 网、169 网、中国金融骨干网、中国教育科研网，涉及政府、海关、邮政、金融、铁路、民航、医疗、军警等要害部门的网络建设，以及中国电信、中国联通和中国移动等电信运营商的网络基础建设。今年 1—5 月份中国就有 44 台僵尸和木马伺服器，控制了中国 291 万台主机。美国政府极有可能利用这些在中国部署的网络设备、通信设备等的掌控与监听能力，即可以从互联网骨干的枢纽处收集元数据，必要时可以对我国实施致命打击。

二是以国外产品为主导的信息系统面临极大安全隐患。一直以来，美国始终掌握着全球信息技术发展的绝对话语权。由于技术的相对落后，我国信息系统所需的路由器、交换机、芯片、服务器、通信设备、基础软件等关键软硬件均依赖英特尔、思科、微软、甲骨文等美国厂商，面临较大安全隐患。以服务器为例，全球 13 台根服务器中有 12 台在美国，信息核心节点周转大多数在美国，互联网安全完全受制于人。我国重要行业主流商用操作系统大多来自美国，且为 C2 级别，自身存在许多安全隐患。另外，国内缺乏服务器系统层安全防御产品，当前大多数安全防护产品如防火墙、入侵检测、反病毒等都集中在网络层、应用层的防御，而服务器系统层安全产品极度缺乏，使得在应对操作系统层面的网络攻击时能力缺失。数据库、操作系统、中间件等基础软件也主要依赖美国的软件巨头，占据了 80% 以上的市场份额。而这些软件类产品可能被预置'后门'，产品本身可能就带有容易被攻击的漏洞，给国家信息安全造成了重大威胁。

三是同类国产关键软硬件产品市场占有率低，用户认可度不足。当前《政府采购法》对涉及国家安全领域的规定还处于不明确状态，对进口产品和海外品牌的产品没有进行原则上的规定，海外品牌借助其已有的品牌影响力，从各个层面打压国产软件，使得国产软件厂商只能在夹缝中求得生存。硬件方面，信息的正常运行关键在于交换机、手机、芯片、系统等设备，而全球大部分主流软硬件厂商均来自美国，如英特尔、微软、谷歌、苹果等公司，用户在使用过程中，信息很容易被监听或过滤。软件方面，如基础办公软件领域，我国已经取得了一系列突破和成果，开发出了具有自主知识产权的金山 WPS、永中 Office 等能够确保文档安全的保密产品，并且这些产品从功能全面、集成创新、跨平台以及中文特色等应用方面都很大程度满足了不同用户的需求，完全可以替代国外的同类产品，然而，由于进入市场较晚，品牌知名度低，在市场开拓方面举步维艰。

这一事件带来的重要启示如下：

一是加大信息技术在保障国家安全上的应用力度。美国政府非常重视信息技术在保障国家安全中的重要作用，且投入在持续增大，一方面警惕华为、中兴等国外通信产品的进入，另一方面大力投资新型的信息技术，并利用这些技术构建国家级监控体系，多年前就已经利用大数据技术从海量数据挖掘分析有价值的情报。棱镜事件的曝光，对我国的启示之一就是，进一步提升国家信息安全意识，重视大数据等新兴信息技术在保障国家安全中的应用，逐步建立起以信息技术为支撑的国家安全防护体系。

二是针对国家不同类型的信息系统建立严格的信息安全防护机制。主要涉及电信网、广播电视网和互联网等国家基础网络，国防军工和党政专网等涉密信息系统，能源、交通、金融、电子商务、电子政务等涉及国计民生的重要信息系统，关键工业控制系统，以及高校、科研院所核心信息系统。根据以上信息系统重要性、信息量等指标的不同，建立严格的信息安全等级防护制度，并针对系统中国外产品的集成应用，制定特定的管理办法。

三是制定国内信息安全关键技术和重点产品研发计划。针对当前制约我国信息安全产业发展的关键技术和重点产品，有效汇聚国家重要资源，制定信息安全关键技术和重点产品目录，并积极引导企业和普通消费用户扩大应用规模。通过突破一批信息安全核心技术，形成一批具有市场竞争力的产品，建立和推广自主知识产权的标准规范，从而构建完整的信息安全产品体系和产业链，逐步实现信息安全问题可发现、可防御，关键信息系统可替代。

四是加快推进国内关键行业领域企业信息系统的安全评估和测试工作。在安全评估方面，主要针对企业主机安全保密检查与信息监管，采取文件内容检索、恶意代码检查、数据恢复技术、网络漏洞扫描、互联网网站检测、语意分析等技术，评估分析重要信息是否发生泄漏，并找出泄漏的原因和渠道。在安全测试方面，针对企业信息系统的特征和需求，研究信息安全测评技术，提高信息安全缺陷发现率，重点加强测试环境的构造与仿真、有效性测试、负荷与性能测试、渗透测试、故障测试、一致性与兼容性测试等工作。同时，还要完善安全测评服务体系，不断提升信息安全服务质量。

五是搭建面向重点行业领域企业的信息安全专业服务平台。重点开展等级保护设计咨询、风险评估、安全咨询、安全测评、快速预警响应、第三方资源共享的容灾备份、标准验证等服务；建设企业信息安全数据库，包括脆弱性漏洞库、安全事件检测库、软件补丁库、恶意代码库、标准信息库等，为广大企业提供快速、高效的信息安全咨询、预警、应急处理等服务，实现企业信息安全公共资源的共享共用，切实提高信息安全保障能力。

二、互联网巨头掀并购狂潮

（一）事件回顾

近两年来，各大互联网巨头已经凭借其在搜索、电商、即时通讯和社交上的垄断地位，不断加快自身的并购扩张步伐，互联网行业中的巨额投资并购变得日益频繁，重量级并购投资进入密集爆发期。2013 年 4 月至 5 月的时间内，国内互联网行业发生了三起亿元以上的并购案。

2013 年 4 月 29 日，阿里巴巴集团以 5.86 亿美元购入新浪微博公司股票，占到了微博稀释后总股份的约 18%，成为新浪微博第一大单一机构股东；此次合作，阿里和新浪将依托各自领先的社交媒体和电子商务优势，探索和建立更具想象力的微博开放生态体系及商业模式。

5 月 7 日，百度宣布以 3.7 亿美元收购 PPS 视频业务，并将 PPS 视频业务与爱奇艺进行合并。这是继 2011 年优酷合并土豆之后，中国网络视频行业又一重磅交易。收购 PPS 后，百度爱奇艺在移动用户基数、用户时长等指标上将稳坐行业第一。

5月10日，高德地图宣布，通过增发股份获得阿里巴巴集团2.94亿美元投资，阿里巴巴将持有高德约28%股份，成为公司第一大股东。收购高德地图之后，高德导航，以及其积累的大量地图数据将会让阿里的本地生活平台有核心支持。

（二）事件评析

互联网创业企业力图通过IPO方式变现途径无望。互联网行业发展初期，公司大多受到了VC、PE的投资，而近来我国互联网行业企业IPO过会率较低。从2011年下半年至今，中国互联网企业赴美上市的窗口迟迟没有打开，多家公司短期内上市的机会变得渺茫。据媒体统计，从2012年起我国仅有两家互联网公司成功登陆美国股市，风投IPO退出形势非常惨淡。很多投资人无法通过上市退出，只能通过并购方式完成退出套现。近期并购案主角如新浪微博、PPS以及搜狗等，此前都有独立上市计划，但迟迟没有成功。10年前互联网创业者的梦想是独立上市，如今这个梦想离创业者越来越遥远，资本市场遇冷给初创企业最好的出路可能就是卖给某个互联网巨头。另外，在巨头们打造了强大生态系统后，产业第二、第三梯队的企业发展都举步维艰，在这种情况下，还一厢情愿地做IPO是非常不现实的。

互联网创业企业创新应用发展遭遇阶段门槛。用户数达百万与千万级别，是一个移动互联网创业企业要过的两道坎。顺利穿过这两道坎，需要消耗大量的心血，绝大多数的创业者都倒在了通往这两个目标的路上。从创业企业的角度来看，移动互联网项目基本都需要线下推广服务，一旦涉及线下服务，则需要建立一支较大的推广团队。这对创业企业来说，意味着公司不再是只需几个技术牛人、几台服务器的轻公司，而需要投入更多的人力、更大的资源。这对于一个创业企业来说，并不容易。它们一般只获得百万级人民币的天使投资，在A轮也顶多拿到百万美元到千万美元的投资。如若成为一家重公司，那么粮弹的消耗会非常迅速。在创业公司发展的关键时候，通过并购的方式，及时找个可以依傍的互联网巨头，对创业企业发展来说，无疑应该是一件好事。

大型互联网企业急于抢占移动互联网市场。据艾媒咨询发布的《2013第一季度中国智能手机市场季度报告》报告显示，截至2013年第一季度，中国智能手机用户规模已经达到4.2亿。PC时代已经慢慢走向了移动互联网时代，面对如此庞大且高速增长的市场，阿里、百度和腾讯三大巨头的当务之急，就是将PC

时代的入口优势复制到移动端。阿里、百度、腾讯虽然在 PC 互联网时代占据了霸主地位，但面对移动互联网的飞速发展，对于 PC 互联网与移动互联网的不同基因，没有谁有底气说自己已经拿到了移动互联网的船票。移动互联网发展进入了关键转折点，传统互联网公司如果没有最大力度布局移动互联网，就会错过发展机会。移动互联网爆发很快，新的应用层出不穷，而现在谁也不知道哪一个细分领域会有市场机会，于是都选择广撒网的布局方式，现在花千万或者亿级的美元来投资或收购，寻找未来的可能性。近期一系列的投资让阿里巴巴移动战略的生态圈布局渐渐明朗。

大型互联网企业通过传统途径来发展公司新型业务遭遇巨大风险。中国互联网经过十几年的积累，终于造就了如今的巨头。过去的这几大巨头往往更倾向于自己去做某项业务，而非通过收购方式进行扩张，这种转变直到最近才渐渐形成。究其缘由是这些巨头公司已经有过多次失败的尝试，逐渐意识到自己做不如收购简单。在阿里、百度和腾讯三巨头看来，国内互联网业正处于产业变革的十字路口，关系链、移动用户积累以及流量入口的开拓等，都不是一朝一夕可以完成的，与其耗时积累，不如收购来得简单快捷。另外，通过传统"拿来主义"的手段来发展公司业务应用，已备受业界诟病。在 2012 年 4 月 Facebook 宣布以 10 亿美元现金加股票的方式收购 Instagram 时，中国互联网上满是"羡慕嫉妒恨"之音，羡慕嫉妒 Instagram 创业时间那么短，团队那么小，就轻轻松松地卖了十亿美元的天价；痛恨国内山寨泛滥、创新被火速模仿的环境。

大型互联网企业力图通过收购来增强公司主打业务的竞争能力。百度大的收购策略是优势实力提升型，它更乐意收购那些能够加强搜索上的实力，以及地图业务的延展。例如收购"今晚看啥"就是想加强其在视频垂直搜索领域的个性化推荐。阿里一直补充自己在电商上的不足，如物流，构筑涵盖物流、数据服务、代运营、站长资源的电子商务生态链，更多地是寻找无线、社交类的项目，以便在未来竞争中取得战略性优势地位。游戏是腾讯投资最看重的领域。在国内，热酷、行云、智明星通、易乐网、顺网科技等都接受了腾讯的投资；在硅谷、韩国、东南亚、俄罗斯，腾讯更是大手笔；韩国的 Kakao、Riot Games、Epic Games、ZAM、Raptr 等知名游戏公司都接受了腾讯的投资。现在腾讯扮演游戏平台的角色，它希望将这种实力延展到移动上。

三、微软收购诺基亚

（一）事件回顾

2013 年 9 月 3 日，微软和诺基亚联合宣布，微软将以 54.4 亿欧元（约合 72 亿美元）的价格收购诺基亚的设备和服务业务部门，并获得相关的专利授权。对此消息，业界虽略有惊讶却也有种"不出所料"的恍然。事实上，面对苹果和谷歌两大阵营的步步围剿，诺基亚与微软之间早就结成战略联盟，二者的联姻也被业界谈论和期待多年，这使得如今的收购更像是一次迟来的"婚宴"。

（二）事件评析

收购原因分析——为解近忧，为布远局

迫不得已解近忧：巩固发展 Windows Phone 生态体系。自身在移动互联网领域的步履蹒跚，以及苹果 iOS 和谷歌安卓两大阵营的步步紧逼，使微软在移动智能终端迅速普及、PC 销量连续多个季度下滑的今天面临着生死抉择。适应"硬件＋软件＋服务＋内容"产业链整合发展模式，强化自己的 Windows Phone 生态体系，就成为微软近期的首要任务。收购诺基亚手机部门，即剑指于此，并期许能由之达成三大目标。

加速软硬一体化进程，强化移动互联生态体系。微软与诺基亚虽已合作两年半，但由于两家企业的视角和利益不尽相同，在法律物流合作、品牌推广及投资决策方面难免会出现分歧，在一定程度上阻碍了 Windows Phone 生态体系的发展。当前，安卓和 iOS 的全球市场占有率分别为 79.3% 和 13.2%，Windows Phone 虽名为第三，但市场份额仅有 3.7%，完全不具备与安卓和 iOS 抗衡的资本。通过收购诺基亚手机业务，微软可以将软硬件真正整合，更加自由、专注地围绕 Windows Phone 操作系统这一核心进行更深度的软硬整合和更全面的优化，从而提升用户体验、抢占更多市场份额，进而遏制苹果、谷歌在智能终端领域的发展势头。

锁定诺基亚在 Windows Phone 阵营的核心地位。面对多数手机企业选边安卓，诺基亚对 Windows Phone 生态体系可谓意义重大，贡献了 85% 以上 Windows Phone 手机的出货量，可以说微软的移动战略目前完全依赖于诺基亚。但 Windows Phone 的不温不火，不仅没有帮助诺基亚重夺手机老大的宝座，反令其

手机业务和企业经营每况愈下。面对业界和诺基亚内部意欲投身安卓阵营的蠢蠢欲动，微软自然不能冒诺基亚临阵倒戈的风险，加之收购价格诱人，更促使其快刀斩下，通过收购彻底锁定 Windows Phone 阵营中最主要的力量。

降低 Windows Phone 专利成本，提高产品利润。除收购诺基亚的设备与服务部门外，微软还以 21.7 亿美元收购了 8500 项设计专利与近 30000 项实用专利和专利申请为期 10 年的授权以及永久续约权。通过将这些资源与此前同三星、苹果、LG、北电网络及柯达的项目相结合，可以显著降低 Windows Phone 手机的专利成本，使每台诺基亚 Windows Phone 手机的毛利润从交易前的不足 10 美元提高到 40 美元以上。而利润提高又可使微软将更多资源用于 Windows Phone 平台的开发和推广。

处心未来布远局：为软件和服务抢占终端入口。无论是要转型成为"设备和服务"企业，还是要继续主吃软件领域的甜饭，微软都需要吸取过去数年的教训，在长期战略上下大功夫。收购诺基亚，或许就是微软长远布局的开始。

向新型智能终端领域布局。除 Xbox 游戏机具有较强竞争力外，微软智能手机、平板电脑等硬件产品的市场表现难以令人满意，向设备企业转型缺乏硬件支撑。收购诺基亚手机业务后，微软将获得诺基亚的硬件设计能力与开发经验、营销渠道和品牌用户群等资源，不仅可以弥补智能手机领域的短板，也可进一步优化 Xbox 游戏机、Surface 平板电脑等已有智能终端的竞争力，还可借助诺基亚极具价值的无线专利组合，提前布局智能电视、穿戴式设备等新型智能终端，抢滩未来更广阔市场。

为软件产品争夺平台载体。微软归根到底是一家软件企业，软件仍然是其发展的核心。特别是在尝了数年软件"预装"的甜头后，面对多数移动终端上优先预装竞争对手软件的不利局面，微软还是希望能够像原先掌握 PC 一样掌握基础硬件资源，为自己的软件产品争取载体。所以，收购诺基亚手机业务、抢夺硬件的盘子，为的是盛好 Windows 这一主菜，为的是未来能持续从软件产品中获取庞大收入和可观利润。

为新兴服务抢占终端入口。云计算服务、位置服务等新兴服务是软件产业的潜力领域。微软的 Azure 云计算平台已开始大展身手，收购手机业务，将有助于其设备端的配置，完成"云 + 端"的战略部署。同时，通过从诺基亚获得 Navteq 地图服务授权，并在智能终端上预装相应软件，微软也能够在位置服务等领域大展身手，从而协同乃至带动自己各项信息服务业务的发展。

收购影响展望——近期无妨，远期可待

与谷歌收购摩托罗拉移动等事件相比，微软对诺基亚的收购可谓波澜不惊，其对产业的影响也要视长远分别展望。

短期看：暂难撼动智能终端产业格局。结合当前产业态势和各界反映看，此次收购对智能手机产业格局不会产生太大影响。一方面，微软对诺基亚手机业务的收购属于 Windows Phone 阵营的内部交易，暂不涉及智能手机操作系统市场份额的重新分配，而"诺基亚"品牌的保留也使得智能手机市场份额的变化极为有限。另一方面，微软进入智能终端领域的时间较晚，Windows Phone 现有硬件功能、软件应用及储备技术都鲜有博人眼球的"精品"或"亮点"，加之 Windows Phone 的市场份额和生态体系完善性较安卓和 iOS 都差距很大，故即使能够在收购达成后通过宣传攻势提振产品知名度和销量，但骤然撼动现有产业格局的可能性并不大。

长期看：在产业链整合竞争中有望增添新强者。收购诺基亚设备和服务业务使微软得以拥有智能手机这一目前来看最为重要的移动互联网入口，这使微软在实施软硬一体化和跨平台一体化战略过程中迈出了重要的一步，为其健全产品体系、产业链条和生态体系提供了强大动力。围绕 Windows Phone 操作系统，微软能够整合包括 PC、智能手机、平板电脑以及智能电视、穿戴式设备等在内的多种终端产品，将其在 PC 端操作系统的既有优势移植到移动终端上，能够进一步巩固和落实其"云+端"发展战略，丰富产品种类和服务种类，从而构建起涉及多方面发展要素的全向度竞争能力，增强对用户的吸引力和黏性，并有望在未来比拼产业链整合能力强弱的竞争中成为不可轻视的重要力量，构筑形成新的"微软帝国"。

四、谷歌弃用开源数据库系统 MySQL

（一）事件回顾

MySQL 是世界上最流行的开源关系型数据库软件，不仅为众多中小型网站选用，还曾拥有谷歌、Facebook、雅虎、苹果、Twitter 等客户，被誉为开源数据库的"人气之王"。但在 2013 年，MySQL 频频折翼，先后失势于苹果、维基百科等重量级企业。2013年9月，作为全球信息技术发展重要风向标的谷歌也正式宣布其数据库已大部分由 MySQL 迁移至 MariaDB。

谷歌是开源软件领域的行业典范，在基础设施和大量产品中都大量使用了开源软件，可以说，谷歌的成功建立在开源基础之上。Google 在大量服务中采用 MySQL 数据库，主要也是因为 MySQL 的开源性。MySQL 的开源性允许 Google 根据自身发展需要对 MySQL 数据库进行了相应的功能扩展有效降低软件开发成本，并借助开源社区对 MySQL 的改进，推动 Google 自己的应用更好地运行。

然而，被甲骨文间接收购后，MySQL 逐渐变成"伪开源"，谷歌不愿意在发展上受制于别的企业。在专注于专有软件的 Oracal 主导下，MySQL 极少修正来自使用者、开发社群对新功能的需求，不支持外部的更新，导致第三方无法在 MySQL 上定制修改，无法参与 MySQL 的研发过程。作为全球搜索巨头，Google 当然不希望自己在发展上受制于人，为了摆脱束缚，Google 选择将所有 MySQL 服务器转换成 MariaDB。

同时，在甲骨文的主导下，MySQL 发展缓慢，越来越不能满足谷歌创新发展的需求。接手 MySQL 之后，Oracal 对 MySQL 数据库产品进行重新市场定位和战略规划，将重心放在发展 Windows 平台的 MySQL 数据库产品和图形化维护管理工具性软件。对于 Oracal 而言，这样的发展定位不仅有助于减轻 MySQL 对甲骨文自身数据库产品的冲击，而且有助于抢占中低端市场。但对于 MySQL 自身的发展而言，这样的定位和规划使其偏离了原先的发展方向，即加快数据库产品本身的功能完善、性能增强和稳定性提升，从而错过良好的发展时机。作为全球创新领先企业，谷歌在发展中需要最新技术、产品来支撑，MySQL 发展的停滞越来越难满足谷歌业务发展的需求。相反，由 MySQL 旧部在原有基础上所开发的 MariaDB 平台坚持开源，赋予用户开发新功能的权利，并加快性能的完善和改进，提供了许多业务上的关键功能，实现比 MySQL 更高的查询效率和稳定性。正是这些特性，MariaDB 成为维基百科、谷歌 Twitter 等大公司舍弃 MySQL 后的首选。

（二）事件评析

谷歌启动舍弃 MySQL 转向 MariaDB 的计划，无论对谷歌自身、甲骨文还是对 MariaDB 等开源软件发展都将带来重大影响。同时，该事件对我国软件产业通过创新开源软件发展模式实现自主可控发展带来重要启示。长期以来，我国软件产业发展受制于人，很多核心技术被国外掌控，国内企业难于摆脱跟随模式。例如，在基础软件领域，操作系统、数据库等关键产品和技术一直被微软、甲骨文等国外巨头掌握；在云计算等新兴领域，移动终端操作系统、超高频芯片、虚拟化技术及分布式数据处理等核心技术也是国内企业的弱项。而在开源软件发展上，我国走了很大的弯路，即把开源软件做成商品软件与现在的视窗软件竞争，事实证明这是行不通的。

为此，提出以下几点建议：

1. 加强自主创新。利用"核高基"科技重大专项、电子发展基金、云计算示范工程等重要抓手，鼓励企业在移动智能终端操作系统、智能语音技术、分布式计算、虚拟化、非关系型数据库、数据分析挖掘等关键和核心技术加大研发投入，实现创新突破。面向云计算、物联网、移动互联网、大数据等新兴领域，鼓励互联网企业发挥在服务能力、技术以及客户群方面的优势，加强与国内软硬件企业合作，合力推进以用户应用为核心的行业应用解决方案和技术集成解决方案的研发与产业化。鼓励企业加大资源整合力度，向产业链价值中高端转移。

2. 加快安全可靠软硬件的应用推广。通过税收抵扣、财政补贴等方式，鼓励用户优先采用本土企业提供的云服务、移动应用软件等，扩大直接的信息产品类消费。以安全可靠办公软件的应用为方向，在有条件的部委、地方政府和重点行业重点推广，分阶段、有步骤地实施，通过安全可靠办公软件在政府信息系统和重点行业的率先应用，提高国家信息安全保障能力。加强联合攻关平台能力建设，健全关键共性技术共享机制，增强技术攻关和公共技术服务能力，为安全可靠系列项目提供技术服务保障。

3. 创新开源软件发展模式。高度重视开源在促进自主发展、重构软件产业竞争力中的重要作用，加大对开源软件发展的资金支持。加强开源社区的建设，鼓励公司、开发者积极参与到开发社区贡献更多的智慧。营造良好的开源环境和遵循开源规则的氛围。积极参与标准制订，通过统一的标准解决 Linux 操作系统技术创新过程中遇到的兼容性瓶颈。充分发挥开源高校推进联盟的作用，推动中国 IT 人才培养从主要面向专业软件转到主要面向开源软件，为开源软件发展提供智力保障。

五、电子商务、社交网络等平台企业迅速崛起

（一）事件回顾

2013 年 11 月 11 日，阿里巴巴集团旗下的天猫和淘宝电子商务平台继 2012 年创下 191 亿元的日交易额记录后，再次刷新记录，实现了 350 亿元日交易额。该数字是 2012 年美国"网购星期一"121 亿元交易额的近三倍，超过 2013 年 10 月份我国日均的社会消费品零售额规模的 50%。除此之外，京东、亚马逊、易迅网、国美、苏宁等电商平台也实现了销售额翻番增长。

微信是腾讯公司于 2011 年 1 月 21 日推出的一款社交产品，支持语音短信、视频、图片、文字等的发送。经过短短几年的发展，截至 2013 年，微信拥有超过 6 亿用户，月活跃用户数总数超 2.7 亿，成为移动互联网重要的入口之一。同时，社交通讯平台竞争日益激烈，各公司大力推广各自产品，例如网易推出易信，盛大推出 youni，阿里巴巴推出来往等。

随着信息网络技术的飞速发展和互联网的应用普及，电子商务平台、金融信息平台、物流信息平台、社交网络平台、第三方支付平台等一批平台型企业迅速崛起，平台经济展现出旺盛的发展前景，将成为推动经济发展的新引擎。平台经济的重要作用有：

一是推动产业持续创新。平台通过对产业资源、市场资源的整合，为企业提供广阔的发展空间，同时驱动企业进行持续创新，以获得及巩固竞争优势。例如，苹果应用商店模式的创新发展就引来众多企业的效仿，从而带动了硬件制造——软件开发——信息服务整条产业链的创新发展。

二是引领新兴经济增长。平台经济属于服务业范畴。实际上，各类服务业的价值链或者价值网络里都存在着搭建平台的机会。平台一旦建立，能够吸引各种资源的加入，发挥平台的集聚效应，推动整个产业的资源向平台倾斜，创造出巨大价值。平台经济作为创造和聚集价值的桥梁，正日益成为服务经济中最有活力的一部分。

三是加快制造业服务化转型。在竞争日益激烈的当下，制造业企业更加需要利用有效的中介平台打通制造和流通之间的瓶颈，实现产品制造链和商品流通链的有效衔接。例如，面对行业利润持续走低的局面，家电企业纷纷转向电子商务平台，借助其庞大的用户资源和快捷的销售渠道，创新营销模式，降低运营成本，

创造新的盈利点，获得更高利润。可见，平台经济将成为加快制造业服务化转型的重要推动力。

四是变革工作生活消费方式。平台经济中所蕴含的新的交流、交易模式，正成为日常生活模式和社交结构变革的重要推动力。例如，新浪微博等社交网络平台已成为人际交往的重要渠道；淘宝网等电子商务平台已成为人们日常消费的优先选择。这种变革将成为互联网的重要发展方向和未来的重点应用，直接带来消费方式的改变，使信息消费得到迅猛发展，也使基于信息交换的商务活动、交易活动等成为未来经济活动的主要组成部分。

（二）事件评析

平台经济对于产业发展水平提升和经济转型发展的重要推动作用得到越来越多的认可。为了加快推进我国平台经济发展，政府部门需要在加强引导、规范管理、配套服务体系建设方面采取多方面措施。

支持新兴领域平台经济发展。支持有条件的区域面向重点行业领域，发展专业特色平台，不断拓宽平台经济的发展空间。一是面向新兴信息服务发展需求，推动金融信息平台、地理信息平台、电子商务平台、社交网络平台等的发展，加快推动各高端服务领域与信息技术服务、互联网服务的融合创新，充分整合各类信息资源，探索开发新型商业模式，推动建立多层次的、多元化的平台服务体系。二是面向工业转型升级与产业基地打造的需求，支持各地方瞄准龙头产业与支柱产业，打造交易与服务平台，加速对产业上下游环节和企业的整合，打造产业链条。三是培育和扶持农村信息服务平台发展，为农业发展提供高效的科技、金融、采购和销售等信息服务，提升农业信息化、现代化水平。

完善平台企业扶持政策。平台型企业是平台经济的主体，决定着平台经济的发展活力与发展前景。需要加大政策扶持力度，设计有针对性的平台型企业扶持政策，探索促进平台型企业的最佳发展路线。一是结合重点行业领域专业平台发展，积极培育一批有市场竞争力的平台企业。鼓励有条件的企业向平台化转型，围绕重点领域培育发展一批信誉好、实力强的平台企业，择优确定重点企业予以扶持。二是针对平台经济特点和平台型企业发展规律，设计有效的平台型企业扶持政策，如设立专项基金、拓宽融资渠道等。同时，帮助和指导平台型企业结合自身基础、业务特色、市场需求与竞争状况，制定和实施科学的发展战略，包括进入战略、定价与利益平衡战略、竞争优势战略等。三是建立和完善创新资金投入与退出机制，通过科学、完善的资金投入与退出机制，为平台经济发展创造宽松的环境。

优化配套发展环境。平台经济发展不仅需要强有力的信息技术服务支持，还需要第三方支付、信用、物流、检测、认证等配套服务体系的支持。为此，需要优化配套环境，以保障平台经济持续快速发展。一是加强信息基础设施建设，提高光纤宽带的覆盖率，积极推进无线城市建设，加大农村网络建设力度，建成各地、各类信息网络互联互通的骨干传输网。二是加快软件和信息技术服务业尤其是云计算、物联网、大数据等新技术的发展及其在平台经济中的应用，提升数据分析处理、数据挖掘、结算等后台信息技术服务能力，为平台运营提供更有力的信息技术支持。三是培育和引进一批与平台经济发展相配套的第三方支付、物流、信用、检测、认证等服务机构，提升配套服务能力，形成便捷高效的第三方服务体系。

加强规范引导和管理监督。针对平台经济生态环境的复杂性，及其从定价方式到垄断规制的特殊性，加快研究出台专门的管理和服务措施，加强规范引导和管理监督，引导平台型企业发展，保障平台经济健康稳定发展。一是制定、出台专门的平台经济管理规定，对平台经济生态系统中的平台运营商和平台交易、交流双方的职责和权益进行明确规定，规范平台运营，并制定具体可操作的惩罚措施，严厉打击平台上的不法行为，更好地保护平台参与者权益。二是要组织开展对平台经济反垄断和间接侵权问题的研究，明晰垄断和间接侵权的构成要件以及各侵权行为主体应承担的民事法律责任，并将其纳入管理规定。三是要积极引导各个平台间差异化发展，避免无序、低水平竞争，推进平台经济发展水平提升。

六、百度视频遭诉讼事件

（一）事件回顾

2013 年 11 月 13 日，新一轮的网络版权大战硝烟四起，优酷土豆集团、搜狐视频、腾讯视频、乐视网等联合发布"中国网络视频反盗版联合行动宣言"，并向法院起诉百度、快播的盗版侵权行为。事实上，在互联网行业中，不只是视频领域的版权纷争事件层出不穷，其他各领域的诉讼案也频频发生，互联网企业间关系正在从竞合向零和博弈演变。如此多的诉讼揭露了互联网行业无序竞争产生的顽疾，若不及时对症下药，其结果必然给产业发展造成巨大的消极影响。

（二）事件评析

视频网站与搜索引擎企业本是唇齿相依、互利共存的竞合关系，为何会撕破脸对簿公堂，将关系演化为两败俱伤的零和博弈，其原因发人深省。

传统视频格局被打破。 网络视频行业在经历了盗版、混战、淘汰、兼并、扩张等阶段后，逐步形成了相对稳定的行业竞争格局，并随着知识产权法律法规的进一步完善和版权维护意识的增强，盗版现象得以改善。然而，百度凭借搜索引擎方面的优势地位，迅速在视频领域取得突破，逐渐打破原有行业格局，使传统网络视频企业受到挑战。百度视频的横空出世，带来一种新技术环境下的竞争模式，暂不论百度是否存在盗版侵权行为，但是"寄生"在这种新模式下的诸多盗版视频网站确实存在。新格局、新模式的产生必然会遭到传统势力的强烈抵抗，何况这其中还混入了一些想浑水摸鱼的盗版网站。此外，百度特殊的"血缘"和业务模式，与传统视频网站不同宗、不同源。因此，百度遭诉实属必然。

移动视频市场空间被打开。 近几年，随着移动互联网迅猛发展，加上 4G 时代已经到来，视频即将成为移动终端第一大应用，其市场空间和利润前景十分可观。正因如此，移动入口之争才是隐藏在此次视频版权诉讼背后的真正目的。2013 年 9 月，百度视频移动终端累计激活用户数已突破 1 亿，百度视频 App 用户量涨幅居行业之首，日活跃用户数增长至 2000 万，并在苹果应用商店娱乐类应用排行榜中长期保持第一。显然，百度的快速崛起不仅威胁到传统视频网站的"既得利益"，也将成为他们在移动视频领域最有力的竞争对手。因此，传统门户视频网站抱团取暖，虽因打击盗版而起，但意在抢占移动入口。

爱奇艺上市遭同行排挤。 2013 年 5 月，百度宣布 3.7 亿元收购 PPS 视频业务，并将其与爱奇艺进行合并。合并后的爱奇艺将冲击视频行业第一的位置，并筹划独立上市。此时，传统视频网站对百度进行版权"围剿"，其目的是旁击并阻缓爱奇艺上市的步伐，暂时减缓竞争压力。无独有偶，4 年前，搜狐正是在优酷上市之际，对其发起盗版诉讼。此外，现阶段正值各大视频网站年度广告招商的关键时间点，各方都想在广告方面做文章，赚取竞争优势。

竞争是商业的本质属性，合理、有序的竞争是一个行业健康发展的必要条件。相反，无序、恶意的竞争会阻碍行业的进步，扰乱行业的发展秩序，破坏行业根基。客观来看，互联网行业接连出现的多场版权大战和诉讼案件中，相当多的行为已不属于合理的市场竞争范畴。

行业"原罪"形成路径依赖，积弊过深导致捷径取巧的恶性模式盛行。任何一个行业在发展初期，市场规则和秩序尚未形成，一些不合规、搞投机、游走法律边缘，甚至违背道德的行为时有发生。通常情况下，当行业发展步入正轨后，一些通过"原罪"完成原始积累的企业多数会转向常规化、合理化的发展路径。但我国互联网行业"盗版＋免费"的思维模式却久难改变，经过十几年的流弊积累，已迫使行业陷入"劣币驱逐良币"的怪圈。互联网的"原罪"本是商业活动中"投机主义"的产物，但长此以往，形成路径依赖，其影响不可预估。窃取技术、侵犯版权、流氓软件、病毒木马等已经成为互联网行业常见的运营和推广方式，诉讼炒作、恶意诋毁、欺骗用户则成为多数企业的成功秘籍。由于行业先行者依靠不正当手段获取了巨大成功，所以后来者争先效仿，这正是近年来互联网行业诉讼事件频发的根本原因。这种连续不断的无序竞争将严重破坏市场竞争环境，阻碍产业健康发展，撼动产业发展根基。

行业管理体系不健全、监管不到位导致不正当竞争肆意妄为。经过多年发展，尽管我国互联网行业已基本建立起行业管理体系，但随着新业态、新模式、新技术的不断涌现，管理体系的健全和完善工作跟不上行业的发展变化。由于对行业的认知和管理滞后于行业发展，监管不到位、法律法规不完善等原因，使得一些企业肆无忌惮的使用不正当竞争手段打压竞争对手。互联网行业发展涵盖了软件产品、信息服务、知识产权、信息安全、服务质量等方面，涉及到多个相关管理部门，而由于行业管理体系尚不健全，制度和监管措施缺位，导致行业监管存在漏洞。随着互联网的进一步普及和信息技术的不断深化，互联网领域必然还会出现更多部门监管的重合点或死角。

互联网企业把法律维权当做"儿戏"，导致产业法律屏障渐逝。知识产权保护、反垄断、反不正当竞争等法律法规是保障互联网企业、用户等各类群体合法权益的有力武器，是优化互联网行业发展环境，维护市场氛围和规范竞争秩序的根本途径。但是，在互联网领域里，不正当竞争在专业技术的背景下隐藏性较高，互联网企业间的相互侵权行为十分严重，导致法律法规的可操作性不强。这在客观上纵容了企业竞争中的恶意行为，助长了企业游走于法律边缘甚至是触犯法律的恶习，致使行业轻视法律的不良之风蔓延，谁想告谁都行、谁被告也无所谓，更使一些遭到侵权、恶意攻击的企业丧失了对法律的尊重和信心，也选择使用不正当的竞争手段。长此以往，法律意识的沦丧和法律效力的缺失将使互联网产业失去最有效的保护屏障，产业发展必然走上歧途。

七、易信开启运营商互联网融合的新时代

（一）事件回顾

2013 年 8 月 19 日，中国电信与网易公司共同宣布合资成立浙江翼信科技有限公司，并发布新一代移动即时通讯社交产品"易信"。与微信相比，易信更注重通讯的本质，其主要的特点和优势是：易信具备跨网免费短信、免费电话留言等独特功能，可实现 APP 与手机、固定电话的"无障碍互通"——即使易信好友没有登陆易信，甚至手机上没有安装易信也可以收到信息；用户可以通过易信发送电话语音到手机和固定电话，对方收听电话语音留言后可以回复。

易信是我国第一个电信运营商与互联网企业结为"秦晋之好"，合作打造的移动即时通讯社交产品。标志着电信运营商和互联网企业在移动即时通讯领域实现真正"破冰"，进入产品联合开发运营和资本合作的新时代。既是我国移动互联网领域的重要创新，也是我国电信行业具有划时代意义的体制创新。

（二）事件评析

移动互联网是运营商与互联网企业融合的根本原因。融合发展和跨界合作是移动互联网时代的趋势和重要标志，移动互联网本身就是移动通信和互联网融合的产物，并集中了来自两者的部分特点。正因如此，在移动互联网时代，运营商和互联网企业的融合成为必然趋势。

对运营商而言，移动互联网的兴起，严重冲击了它们的传统业务。由于自身的资产重、创新缓慢，加之体制和制度的桎梏，使其很难快速完成转身。竞争压力已不仅是行业内的三大运营商之争，更是运营商和互联网企业之间的竞争。运营商为顺应移动互联网的趋势，必须进行革新和转变，但由于缺乏互联网的基因、心态和规则，所以，运营商有与互联网企业融合的需求。

对互联网企业而言，移动互联网的快速发展为他们创造了机会。互联网企业与重视管道建设和运营维护的运营商相比，资产较轻，业务形式多样，模式创新

频繁，更注重平台经济和用户体验。在多年的发展中，精准营销使互联网企业更了解消费者的需求。因此，互联网企业渗入电信业是市场选择的必然结果。

商业模式创新是运营商与互联网企业融合的关键。目前，以新浪微博和腾讯微信为代表的移动社交和移动即时通讯应用还未能找到成熟的商业模式。截至2012年年底，新浪微博用户数突破5亿。2012财年净亏损额达9300万美元。截至2013年3月，腾讯微信用户数超过3亿，合并月活跃账户数达到1.9亿。但仍未有明确的盈利模式。易信虽然推出了很多免费和优惠措施，能够在短时间内吸引用户的关注和使用，但其真正的商业模式以及与中国移动、中国联通的结算方式尚待明确。只有创新出适合的商业模式，运营商与互联网企业的融合才算真正的成功，否则，即使推出再好的产品，也恐难摆脱昙花一现的命运。

运营商与互联网企业融合后的发展趋势。产品的合作运营只是运营商与互联网企业融合发展的第一步。充分发挥两者的自身优势，完成从产品到服务再到模式的深度融合，进而整合移动互联网产业链的上下游资源，形成全产业链生态体系，将成为运营商和互联网企业融合后的发展趋势。

对于运营商而言，去电信化是其融合后转变的重点。改变旧的管理体制和利益分配体制，利用网络优势、用户资源和基于3G网络推出的多项创新特色应用，逐步向智能管道主导者、综合平台提供者和内容应用参与者等角色转变；对于互联网企业而言，以业务为中心转向以平台为核心，采用更快捷的方式贴近应用、响应用户需求。快速将互联网上的服务嫁接到移动通讯产品上，并探索出新的商业模式；对运营商与互联网企业合作成立的新企业来说，抢占移动互联网入口，开发基于移动互联网模式下的产品和服务，积极与应用服务提供商和手机制造商开展合作，拓展应用服务内容，是其未来的主要发展趋势。

行 业 篇

第五章　基础软件产业

基础软件（主要包括操作系统、数据库、中间件、办公套件）是信息产业的关键环节，也是产业链中利润最丰厚的部分。经过半个多世纪的发展，全球基础软件形成了较为稳定的市场格局，IBM、甲骨文、微软等国际大企业占据全球基础软件市场 90% 以上的市场份额。我国基础软件发展起步较晚，多年来，在国外基础软件所形成的技术壁垒和市场壁垒下，国产基础软件一直处于弱势。在"核高基"（核心电子器件、高端通用芯片及基础软件）国家重大专项的持续支持下，尤其是"十一五"期间，国家加大对"核高基"资金的投入，以更大的力度支持和扶持国产基础软件发展的推动下，我国基础软件产业获得了突破性的发展。

一、发展情况

从市场结构看，国产操作系统、数据库、中间件、办公软件等主要应用在金融、政府、电信、物流、医疗、交通、税务、证券、保险等各个行业和领域，产品的易用性、稳定性和集成性都有了一定程度的提升。部分厂商通过深耕细分市场，逐步在高端领域取得突破。2013 年南大通用的新型数据库 GBase 8a 及云架构数据库集群 GBase 8a MPP Cluster 在电信、金融等高端行业市场的核心业务系统中接连取得战略性突破。这是继 GBase 8a 在公安、安全、税务、卫生、计生、环保、海洋等政务行业，科学院以及大型企业 ERP 中得到规模化应用之后的又一重大进展。

二、发展特点

（一）市场特点

近年来，在国家"核高基"重大专项、自然科学基金、863计划等一系列优惠政策和措施得以实施的背景下，我国基础软件厂商实力不断增强，市场的认可度逐步提高，应用领域不断拓宽，数据库、中间件、办公套件等市场份额显著扩大。

操作系统领域，通过强化创新与营销，中标麒麟操作系统产品取得了良好的市场表现，目前中标麒麟产品已经在政务、金融、电力、教育、财税、公安、审计、交通、医疗、制造等多个行业取得深入应用，应用地域覆盖了全国三十多个省市自治区。移动终端操作系统领域，开源化趋势使得国产移动终端多搭载基于安卓系统的深度优化、定制、开发的第三方操作系统，且后者的市场占有率在稳步提升。中间件领域，主要以IBM、甲骨文、东方通、金蝶等厂商为主。其中，IBM、甲骨文合计占据了近70%的市场份额，成为市场竞争的第一梯队。东方通位居第三，在国产中间件厂商中位居第一，近几年凭借国家政策支持和自身努力，市场份额逐年上升，进一步缩小了与国外厂商的差距。数据库领域，人大金仓、南大通用等国产数据库凭借稳定的产品性能和优质的服务已在电子政务、军队、电力、金融、卫生、教育等领域获得了广泛应用。国产数据库总体市场份额逐年上升。办公套件领域，得益于政府持续推进软件正版化工作以及产品和服务不断完善和创新，国产办公套件市场认可度不断提高。

（二）技术特点

云计算、物联网等新兴技术与应用日益成熟，为基础软件产品赋予更为丰富的内涵，促使国内基础软件厂商加大了对新兴技术的关注度以及投入力度，通过强化研发、并购合作等方式，加快推出面向新兴领域的产品和服务，在部分领域取得了关键性突破。

中间件领域，东方通相继推出了云平台TongApplaud和云应用服务器Tong Applaud Application Server，面向物联网等网络应用模式推出了实时传输中间件Tong LINK Real-Time等产品，不断丰富了我国中间件产品结构。

数据库领域，南大通用以新型数据库研发作为其战略核心，成为第一家支持列式存储和MPP架构的国产数据库厂商。达梦公司自主研发了新一代关系型数据库 DM V7.0，安全级别达到了国内所有数据库产品中的最高级——安全四级，支持 TB 级以上的少量数据和大用户并发处理、支持集群、可支撑中、大型企业和政府部门应用，荣获"2013 年中国云计算数据中心创新产品奖"。

办公套件领域，国产办公软件厂商持续在向云计算、移动互联网转型发力。围绕"转型移动互联网"，金山办公软件通过"全平台软件 + 服务"产品形态，成功孵化了"金山安全云存储"、"在线模板"、"在线素材"、"金山快写"和"金山快算"等多项办公服务产品。永中公司发布的永中 Office2012 专业版，启用了全新的智能界面，永中文字、永中表格、永中简报、永中 PDF 阅读四大应用独立与集成并存，进一步提高了用户体验。

（三）竞争特点

全球软件产业正从原来的产品竞争向产业链竞争演进，跨国软件巨头正在不断推进软、硬一体化的垂直整合，通过并购以及一系列的举措打通产业链。在此背景下，近两年，相对分散、基本上还是处于单点竞争阶段的国产基础软件也在加紧产业链上下游的资源整合，目的就是抓住新计算架构变迁的机会，从研发上积极抢占基础软件领域新的技术桥头堡，从而推动国产基础软件在应用的深度和广度上有更多的突破。人大金仓以开源、开放的方式，面向大数据领域与华为展开合作，将其金仓数据库与华为数据仓库一体机进行深度适配。

第六章　工业软件产业

工业软件指专用于或主要用于工业领域，为提高工业企业研发、制造、生产管理水平和工业装备性能的软件。工业软件可以提高产品价值、降低企业成本、提高企业的核心竞争力，是现代工业装备的大脑。

工业软件可以细分为生产管理类软件、产品设计研发类软件、制造过程自动控制类软件、装备嵌入式软件以及企业内部或企业间的协同平台类软件。

工业软件不包括通用的系统软件和应用软件，如计算机操作系统、通信软件、通用数据库系统、办公软件等。

一、发展情况

（一）产业规模

随着我国信息化和工业化进入深度融合阶段，工业产业升级转型对工业软件的需求加速释放，以及本土工业软件企业努力发挥本土化优势，积极开拓市场，我国工业软件产业规模持续快速增长。2012 年，我国工业软件市场规模达到722.98 亿元，同比增长 17.3%，远远高于全球市场 5.8% 的增长速度。2013 年产业规模已经突破 850 亿元。

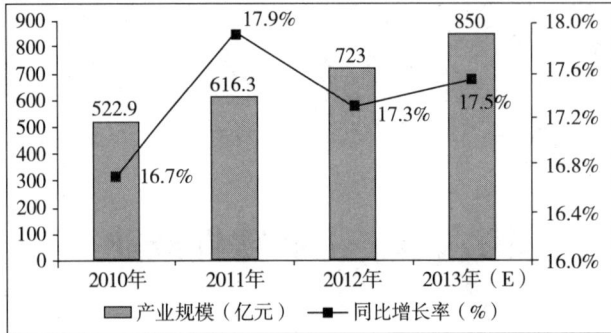

图6-1　2010—2013年中国工业软件市场规模

资料来源：赛迪智库，2014年2月。

（二）产业结构

根据中国工业软件产业发展联盟发布的《2013中国工业企业信息化现状与需求调研报告》显示，我国经营管理类软件实现收入为173亿元，其中ERP软件占据半壁江山,实现收入为85.1亿元。产品研发类工业软件实现收入51.2亿元，其中CAD、PDM、CAM和CAE软件占据较大市场份额。生产控制类工业软件实现收入17亿元。装备嵌入式软件实现收入3973亿元。协同集成类工业软件实现收入99.6亿元，其中以协同办公软件和协同平台软件为主。

（三）产业创新

全球技术研究和咨询公司Gartner发布的《2012新兴技术成熟度曲线》(2012 Hype Cycle for Emerging Technologies) 显示,2012年处于上升至平稳阶段的热门技术包括大数据技术、物联网技术、预测分析、内存分析、社交分析等,其中云计算、大数据、泛在感知网络、虚拟现实和移动应用技术最受工业企业的关注。

基于云计算技术的SaaS服务。SaaS服务以互联网为载体，允许客户根据并发用户数量、数据存储容量、使用时间等按需支付费用,避免了对于软件许可费用，采购服务器等硬件设备费用,软件项目定制、开发、实施费用等一次性较大投入，在中小企业的应用比较广泛。目前利用SaaS服务提供企业间协同，尤其是中小企业协同的产品比较丰富，例如供应链管理、业务流程优化等。大型经营管理类软件也开始推出入门级的SaaS产品。从发展趋势看，云计算和SaaS业态，将会全面重塑工业软件产业。

基于泛在感知网络技术的资源调度和协同服务。传统行业和工业产品的信息化和智能化程度的提高，带来环境感知技术和物联网技术兴起。通过泛在物联网，工业生产、物流、仓储管理等各方面信息，可以大大提升企业的资源协调和利用效率，提高管理水平。

基于移动互联网技术的管理和协同。移动互联网技术的发展，使得移动终端成为新的服务承载平台。传统需要通过个人电脑访问的比如 OA、ERP 等服务，现在可在智能手机上获得延伸，催生"移动办公"概念，进一步增加便利，提升效率。另一方面，二维码等新型智能信息采集技术的发展，使得智能手机也可以作为企业特定功能平台产品的数据采集终端，比如手机扫码完成产品出入库，手机读取工业现场安全设备数据并实时回传等。

基于 3D 数字模型的虚拟仿真技术。利用计算机仿真技术对产品进行 3D 建模分析，用数字虚拟样机代替实体样机考察其服役情况和性能评测，可以大幅降低企业研发成本，缩短研发周期。使用这种技术模拟重大生产安全事故或者城市公共安全事件的发生、发展和短中长期影响，可帮助技术小组快速找到最佳处理方案，完善应急预案。与虚拟现实可视化技术结合，还可把数字空间生动展现，提供身临其境的感觉，可用于人员培训或者产品展示。

二、发展特点

（一）规模特点

随着国内制造业转型升级的深入，大型工业企业用于技术改造的 IT 投资继续增加，我国工业软件市场保持了高速增长的态势，产业呈现欣欣向荣的局面。不过云计算和移动互联网等新兴技术对软件业态的重塑降低了行业的整体利润率，同时中小制造业深度调整期间减小了 IT 投资，工业软件市场增速小幅放缓。

（二）结构特点

企业管理类软件从大面积推广阶段，转入深挖需求，按行业深耕细作阶段，产业规模进入稳定增长期。ERP 业务作为基础平台，在此之上把客户关系管理、供应链管理、办公自动化等协同类软件的功能逐步集成，并按照行业差异化整合形成针对性更强的解决方案，已经成为企业管理类软件市场的主流。

产品设计研发类软件市场规模呈现快速增长。为了应对更加激烈的国内外市场竞争，工业企业在产品研发方面的投入持续增加，对研发周期和成效高度关注。这极大促进了高效先进的设计研发平台在企业中的应用比例和应用深度的提高。以 PDM 和 PLM 软件为代表的产品设计研发类软件在企业信息化投入中的比例快速提高。

随着国家明确新型工业化道路，强调节能减排、绿色环保的发展路径，工业对低碳环保的精细化生产技术的需求激增，由此带来企业生产控制类软件产业规模的迅速扩大。工业控制软件可以提高制造设备的利用效率，缩短生产周期，降低能耗，提升制造过程管理水平，已经成为当前企业信息化投入的重点。

（三）市场特点

一是工业软件功能集成化趋势明显，带动市场加速融合。经营管理类软件市场和办公协同类软件市场界限逐渐模糊。产品设计研发类市场和工业控制类市场同步扩大。

二是两化深度融合的推进，带动工业软件市场的地区分布快速扩大。从应用行业方面，装备机械、钢铁、船舶汽车、石油石化、能源电力行业等工业支柱行业同时也是目前工业软件的主要消费群。

三是新兴市场方面，我国消费电子产业的发展迅猛，正在形成工业软件新的主要消费市场。部分工业软件企业通过基于云计算的 SaaS 业态和咨询服务，开始开拓中小企业客户群。

（四）技术特点

一是云计算驱动工业软件技术向集成化和整体优化方向发展，形成工业云。计算能力强、信息数据集成、安全可以保证的私有云计算平台，为智能工业中产品设计制造管理过程的信息化需求，提供了大平台解决方案的支持。以此为依托，工业软件技术向着功能集成、信息融合、整体优化的方向发展，成为新的工业云技术。

二是技术和服务本地化特点突出。软件和工业的深度融合要求工业软件企业以技术和服务，紧密结合工业企业的实际需求，解决实际问题。因此技术发展从大而全转向小而美。面向特定问题的小快灵工具和快速响应的本地服务，和工业云同步兴起，互为补充。

第七章　信息技术服务产业

一、发展情况

信息技术服务产业是软件产业和高技术服务业的重要组成部分，可分为信息系统集成服务、信息技术咨询服务、数据处理和运营服务、集成电路设计服务等。

（一）产业规模

2013 年 1—11 月，我国信息技术服务业总体保持平稳较快发展，增速持续低于去年同期水平，呈现放缓态势，但年底略有回升。根据工业与信息化部数据，2013 年前 11 个月，我国信息技术服务产业实现业务收入接近 1.5 万亿，占软件与信息技术服务产业比重达到 51.7%。

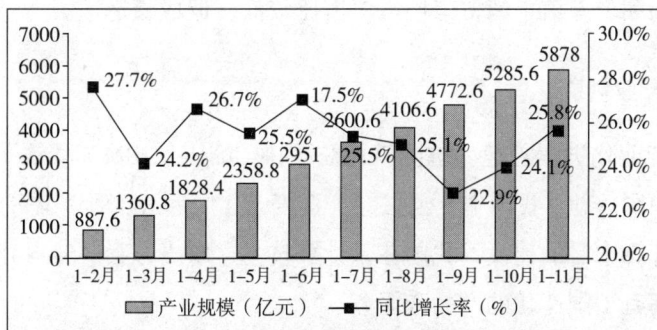

图7-1　2013年1—11月信息系统集成服务收入及增长情况

资料来源：工业和信息化部运行局，2013 年 12 月。

（二）产业结构

产品结构。根据工业与信息化部数据，截至 2013 年 11 月，我国信息技术服务产业构成为：信息系统集成服务实现收入 5778 亿元，同比增长 24.8%；信息技术咨询服务实现收入 3047 亿元，同比增长 26.8%；数据处理和运营服务实现收入 4942 亿元，同比增长 26.3%；IC 设计实现收入 823 亿元，同比增长 18%。

信息系统集成服务占信息技术服务业总收入比重为 20.7%，信息技术咨询服务比重为 10.7%，数据处理和运营服务比重为 17.4%，IC 设计比重为 2.9%。

图7-2 2013年1—11月信息技术服务构成情况

资料来源：工业和信息化部运行局，2013 年 12 月。

市场结构。从 2013 年中国信息技术服务骨干上市公司的主要业务领域分布情况看，信息技术服务市场主要分布在政府、教育等机构和银行、保险、证券、电信、石化等行业领域。随着云计算服务和信息消费化趋势的加速推广，中小企业信息化市场和个人信息消费市场虽然占比较低，但成长迅速。

（三）产业创新

云计算产业化进程加速。国际软件公司中 Google、IBM、微软、亚马逊的云项目均已在中国落地，我国本土也兴起了百度云、华为云、阿里云等产品和服务。随着各地云计算中心的建设，我国在云计算技术、解决方案、SaaS 产品、大数据应用等方面都有了国产化的产品和服务。

社交服务、移动电商和支付。移动互联网促进社交服务、电子商务和移动支付服务大爆发，手机终端超越电脑成为最主要的互联网入口，带动互联网金融、移动视频、地图服务等众多信息技术服务的兴起。我国百度、阿里巴巴、腾讯三家公司都已经拥有多个超过亿级用户数量的移动服务产品。

二、发展特点

（一）规模特点

产业规模保持高速增长。2013 年 1—11 月，我国信息系统集成服务、信息技术咨询服务、数据处理和维护服务，以及 IC 设计服务共实现收入 14690 亿元，同比增长 25.9%，增速比软件与信息技术服务业整体高出约 1 个百分点，带动了产业的整体增长。

东北和中部地区快速发展。2013 年 1—11 月，东北和西部地区分别完成信息技术服务业务收入 1533 亿元和 1798 亿元，占全国信息技术服务业收入的比重为 10.4% 和 12.3%。中部地区信息技术服务产业实现快速增长，完成信息技术服务业务收入 807 亿元，占比从上一年的 4.4% 提升到 5.5%；东部地区信息技术服务产业保持平稳增长，完成收入 12084 亿元。

中心城市持续领先发展。2013 年 1—11 月，全国 15 个中心城市（副省级城市）共实现信息技术服务业务收入 8184 亿元，占全国比重为 55.7%，产业集聚效应明显。中心城市的软件产业构成中，信息系统集成服务、数据处理和运营服务、信息技术咨询服务收入分别增长 30.1%、31.7% 和 25.4%。

（二）结构特点

成熟的系统集成业务仍占主体，但占比从上一年的 20.9% 下降到 20.7%，延续了自 2012 年以来的缓慢下降趋势。随着云计算产业服务化和网络化发展加速，以及信息和内容消费的快速增长，数据处理和运营服务业务，连同信息技术咨询类收入增长突出，比重明显上升。信息技术咨询业务占比从上一年的 10.5% 提升为 10.7%，数据处理和运营业务占比从上一年的 17.1% 提升为 17.4%。这表明我国信息技术服务产业的层级正在不断提升，产业结构不断优化，产业链向高端延伸。外国软件企业长期垄断产业链中高端市场的格局逐渐被打破。

（三）市场特点

一是市场主体是大客户主导。政企单位是用户主体，比如政府、教育、银行、保险、电信、石化等央企构成市场中用户的主要群体。而中小企业以及家庭用户基本不构成市场要素。

二是中小企业和个人对信息化需求开始显现。在云计算 SaaS、电商和移动支付的带动下，中小企业和个人的技术服务需求逐渐释放，市场逐步扩大。

（四）企业特点

龙头企业加速扩张，实施差异化发展策略。从服务能力看，国内厂商竞争力总体落后于跨国公司。为了弥补不足，本土企业努力发挥在本地化、理解用户需求方面的竞争优势，通过并购迅速扩大规模，提升服务能力，并且结合自身优势，选择重点热点领域实施差异化发展策略。

第八章　嵌入式软件产业

随着信息消费需求的不断释放，电子信息制造业尤其是移动通信、消费电子等快速发展，嵌入式软件作为核心系统软件，伴随着电子信息制造业生产的增长而实现了产值的递增，同时也逐渐发展成为中国软件产业发展过程中重要的增长点。当前，中国嵌入式软件产业作为软件产业重要的组成部分，一直保持平稳快速发展的态势。

一、发展情况

（一）产业规模

2012年，中国嵌入式软件产业继续保持高速发展的良好势头，全年实现产业业务收入高达3973亿元，同比增速高达31.2%，并且占整个中国软件产业收入的比重开始回升，达到15.9%。2013年前11个月，嵌入式软件产业业务收入达到4589亿元，同比增速有所下降，为18%，但是所占比重略有上升，达到16.2%。

表8-1　2011—2013年11月中国嵌入式软件产业及增长情况

年份	2011年	2012年	2013年1—11月
产业规模（亿元）	2805	3973	4589
增长率	30.9%	31.2%	18%
占软件产业比重	15.2%	15.9%	16.2%

资料来源：工业和信息化部，2013年12月。

（二）细分领域

在移动通信终端领域，中国的嵌入式操作系统软件从以诺基亚 Symbian 系统为主导逐渐向 Android 系统转移。伴随着 Android 系统以开源、免费吸引中国企业大规模进入智能终端领域，迅速成长为市场的主导力量。当前国内自主研发的手机嵌入式系统软件主要包括中国联通的沃 phone、阿里巴巴的阿里云系统、百度公司的手机操作系统、创新工场的点心 OS 以及小米公司的 MIUI 操作系统等，这些操作系统都是基于 Android 操作系统的二次开发，需要耗费大量的人力和物力，并且操作系统是否能够兼容现有应用和用户使用习惯，也需要大量时间进行测试，这些都对中国本土的嵌入式系统软件厂商带来了诸多挑战。

在消费电子领域，由于消费电子产品市场空间巨大、种类繁多，并且产品需要搭载嵌入式系统软件才能实现其功能，因此消费电子产品成为嵌入式软件应用最为广泛的领域之一。在中国消费电子产品市场，嵌入式系统软件仍以国外产品为主，产品厂商多以基于开源 Android 系统的二次开发为主，系统分散度较大，国内的嵌入式软件厂商仍局限于应用软件的开发集成。平板电脑方面，从中国乃至全球来看，苹果公司的 iOS 系统和 Android 系统是平板电脑产品中最主流的系统软件，这类产品的系统逐渐向操作便捷性、功能扩展性、支持显示输出、具备数据和图形处理能力以及较强的用户体验等方面拓展。

在汽车电子领域，嵌入式软件仍以国外的企业及产品为主，在汽车的动力控制系统、安全控制系统等核心系统产品方面均由博世、电装、德尔福等国外企业占据主导地位，国内的企业如深圳航盛等通过本地化、性价比等优势也占据一定的市场份额，但产品大多集中在车载娱乐系统等外围产品。

在医疗电子领域，目前同样仍以国外优势厂商为主，如 GE、飞利浦、西门子等知名企业仍是国内医疗电子的传统供应商。但是随着中国一系列产业优惠政策的出台和实施，国内医疗电子的内需市场不断拓展，为国内厂商提供了更多机遇。国内厂商也通过利用新一代多核硬件、嵌入式操作系统软件等优势以及本地化产业链成本优势，开发出一系列满足市场需求的产品，并且具有良好的价格优势，如迈瑞、东软集团等国内软件企业已经在国内医疗电子市场占据了一定的市场份额。

（三）企业情况

在我国嵌入式软件市场中，竞争者数量众多，既有国际大型软件企业，还存在致力于提升自主研发创新能力的本土企业。在移动通信领域，有华为公司、中兴通讯等从事网络通信设备、消费电子产品等领域嵌入式软件产品开发的企业，不仅在国内占据一定的市场份额，目前在国际也具有一定的竞争力。在工业控制领域，尤其在电力行业，有南京南瑞继保公司、北京四方继保自动化公司等这样的企业，重点研究电力电网自动化系统、电网保护系统等，在我国电力行业嵌入式软件开发方面具有领先水平。

表 8-2　国内主要嵌入式软件企业一览表

企业名称	产品或方案	应用领域
深圳华为技术有限公司	基于开源嵌入式操作系统的智能手机/便携式多媒体终端以及涉及数字电视、机顶盒等多领域的嵌入式软件解决方案	网络通信设备、移动通信终端、数字家庭、消费电子产品等众多领域
中兴通讯	嵌入式Linux、智能手机、网络通信设备等软件解决方案	网络通信设备、移动通信终端等领域
浪潮集团	机顶盒、数字媒体软件解决方案	数字家庭媒体、数字电视等产品领域
中国移动	OMS智能手机软件平台	联想、TCL等智能移动终端
阿里巴巴	阿里云操作系统	智能手机
小米科技	基于开源Linux内核的嵌入式软件平台	智能手机
凯思昊鹏	Hopen嵌入式操作系统及面向移动通信、移动互联网、消费电子、物联网产品的行业软件解决方案	移动通信终端、传感器网络操作系统等
科银京成	Delta嵌入式操作系统及系列开发工具	军用产品、汽车电子等
华东计算技术研究所	Reworks嵌入式操作系统	汽车车载监控系统、卫星数字电视接收系统等
中科院红旗软件公司	红旗嵌入式Linux	主要应用于机顶盒、PDA、医疗器械等产品
汉王科技	汉王手写识别系统、电子书产品解决方案	移动通信、掌上电脑、电子书等
广州优势动景公司	UCweb浏览器	移动通信领域

（续表）

企业名称	产品或方案	应用领域
东软集团	数字媒体、医疗电子软件解决方案	医疗电子、数字媒体网络等领域
南京南瑞继保公司	电力电网自动化系统、电力电子应用解决方案	工业控制领域
北京四方继保自动化有限公司	电网保护系统、轨道交通自动化系统	工业控制领域

资料来源：赛迪智库，2014年2月。

二、发展特点

嵌入式软件技术实力不断增强。近年来，我国嵌入式软件技术实力不断增强，形成了一批诸如 Linux 等具有自主创新的产品。一批面向行业领域、辐射区域的嵌入式软件平台在通信、电子、仪器控制等行业形成嵌入式软件的重大产业化应用，东北、珠江三角洲、长三角、西部等区域也相继打造嵌入式软件平台与技术环境，嵌入式软件技术创新体系初步完成。

特定行业领域应用情况良好。在移动通信领域，尤其是手机领域，国内企业依托制造的优势，打造自产自用的软件平台，开发出一些符合国内用户习惯，应用前景良好的嵌入式软件；在数字电视领域，伴随着我国数字电视产业的快速发展，国内以长虹、TCL、创维、海尔等为代表的家电生产企业都在开发自身独立的嵌入式软件平台和应用软件，在数字电视领域嵌入式软件的成本降低和性能提升方面取得不错的效果。

丰富电子产品带来市场需求集中释放。随着数字家庭、消费电子、医疗电子、汽车电子、工业控制电子等设备逐步走向智能化和网络化应用，电子产品在形式、功能等方面更为多样化，总体呈现出爆发性增长的发展态势，为嵌入式软件的发展带来了市场需求的集中释放。

产业融合进程日益加快。随着两化融合进程深入推进，信息技术与自动化技术、现代管理技术、制造技术相互渗透，嵌入式软件在产品研发设计、生产过程控制智能化、制造装备数控化变革中的作用日益凸显。随着芯片技术和软件技术

"软硬融合"程度越来越高，计算平台更加泛化，以 PC 为计算平台的软件应用逐步延伸到汽车、通信、能源、医疗、家电、航空航天、安防等各种专用电子设备上，嵌入式软件以其跨设备应用特征在边界融合进程中的桥梁作用也日益凸显。

第九章 云计算产业

云计算是一种基于信息网络，将信息技术资源以服务方式动态、弹性提供，用户可按需使用的计算模式和服务模式。通过云计算服务，用户无需再自己构建IT系统，以较为低廉的费用随时随地、按需使用服务器、存储设备、应用程序等资源。云计算发展已经成为提高信息化水平和创新能力的重要举措，对于扩大内需、培育壮大战略性新兴产业、促进经济结构战略性调整具有重要的现实意义。云计算与生产制造和服务创新的结合，将推动生产方式向数字化、网络化和智能化变革，激发创新创业活力，促进产业结构优化升级。云计算应用于政府管理和社会服务，有利于解决长期存在的信息共享和业务协同困难问题，使电子政务和教育、医疗、商务等服务更加便捷高效，将加快社会资源优化配置和服务型政府建设，为全面建设小康社会提供有力支撑。2013年，我国云计算产业继续保持快速发展的态势，云计算应用不断深入。

一、发展情况

（一）产业规模

据 Gartner 预测，2012 年国内市场规模达 35 亿元左右，较 2011 年增长 70%，远高于同期国际市场 25% 的增速水平。2012 年国内专有云市场规模在 500 亿—600 亿元人民币左右，主要集中在电信、能源、电力、医药等行业的大型企业及部分发达地区的电子政务系统。2013 年，我国公有云市场规模在 50 亿元左右。

（二）产业创新

关键技术创新。百度云平台的数据处理能力已经达到 1000PB。阿里云独立研发的飞天 5K 计划完成，单集群服务器规模达到 5000 台，100TB 排序能在 30 分钟完成，远超 Yahoo2013 年 7 月创造的世界纪录——71 分钟。金蝶在动态负载均衡技术、多租户数据隔离技术、云服务大规模订阅与供给技术方面申请专利近百项。浪潮在云计算核心装备领域突破一批关键技术，具备与国际同步的芯片级研发能力，研制出海量存储、云服务器、大数据一体机等云装备，以及云计算中心操作系统和云安全产品方案。绿色机房建设方面，我国企业在数据中心节能减排方面取得了显著成果，百度、腾讯、中国电信等企业的部分数据中心采用了自然冷却、分散式供电、高压直供、太阳能等技术，PUE 值达到 1.5 以下，为国内绿色数据中心建设树立了标杆。

服务模式创新。我国云计算企业在转变传统服务方式的探索中不断创新，百度的云开放平台为中小企业和开发者提供免费基础设施和数据资源。奇虎科技推出面向个人用户的免费云存储服务，并通过云平台开展面向广大网站的安全检测服务，面向金融机构和政府机构提供安全监测支持。华数传媒面向个人、合作伙伴及第三方服务商提供视频消费、虚拟化网络电视台和虚拟化运营服务。金山推出针对企业用户市场的快盘和云服务平台 KS3，进入企业级云存储市场。

应用创新。我国本土企业围绕云计算产业链积极开展工作，提供了搜索引擎、电子商务、企业管理等服务，应用领域不断扩展。面向中小企业的 PaaS 平台、融合工具型和管理型功能特点的 SaaS 服务不断丰富。个人应用领域，基于位置的服务、支付服务、交通服务等各种关系人们生活、工作、娱乐的云服务大量涌现。随着云计算产品服务不断创新、应用加速落地，企业和个人用户的数量都实现了迅猛增长。百度、腾讯、奇虎等企业的云服务平台聚集用户均已超过 1 亿，阿里和金蝶云服务支持的中小企业数量超过 70 万家。

二、发展特点

（一）市场特点

产业规模偏小。2012 年中国云计算整体产业市场规模大约在 600 亿人民币左右。相比之下，全球云服务市场规模是 1110 亿美元，中国只占其中的 8%，远远不及美国的 60%。从整个 IT 市场看来，我国 2012 年电子信息产业规模是 10.9 万亿元，云计算目前仍只占整个电子信息产业市场中的很小一部分。

服务份额偏低。我国 IT 市场重硬轻软现象比较严重，企业采购主要以硬件为主，软件和服务所占份额较低。全球云计算市场中服务占到 50% 以上并在不断提升，硬件仅占四分之一左右。我国 2012 年公共云服务市场为 35 亿元，不到云计算整体产业规模的 10%。

市场前景广阔。随着云计算本身业务成熟、服务质量和稳定性提升、商业模式清晰，用户对云计算的信任和认知程度逐渐提升，云计算的使用者将会越来越多。北京市发布的"祥云工程"行动计划，预计 2015 年形成 2000 亿元产业规模；上海市发布的"云海计划"三年方案，致力打造"亚太云计算中心"，带动信息服务业新增经营收入 1000 亿元；广州市部署的"天云计划"，预期到 2015 年，打造世界级云计算产业基地。

（二）结构特点

产业链整体发展远落后于国外。在云计算基础硬件及基础软件环节，我国基础软硬件技术长期积弱，关键技术被国外巨头垄断，导致我国云计算基础软硬件领域依然薄弱，仅有网络设备等少数领域由于拥有华为、中兴等大型企业，差距逐渐缩小。在云计算服务环节，我国 IaaS 服务商和 PaaS 服务商的数量屈指可数，SaaS 服务商数量虽稍多，但也无法同国外相比。在云计算运营支撑服务环节，我国拥有一批具有本土优势的运维支撑企业，但还缺少类似于 IBM 这样的巨头企业。在云计算终端领域，我国在低端产品方面占有优势，例如在中低端智能手机领域，我国企业的市场份额已经排名首位，但高端智能终端市场被国外企业牢牢掌控，国内企业受技术实力限制无法发力。

云服务和应用处于起步阶段。我国公共云服务的规模较小、服务能力偏弱、服务水平不高、企业实力较弱，国内最大的公共云服务企业收入尚不及亚马逊的1/50。交通、医疗、能源、制造等各行业和政务信息化中云计算技术和服务应用较少，大数据服务等应用尚处于探索阶段，云计算资源集约利用的作用没有充分发挥。

产业链条支撑能力不足。核心技术方面，我国企业尚未完全掌握虚拟化、分布式存储、海量资源管理、分布式处理、并行计算等云计算关键技术。主要产品方面，相关软硬件产品和整体解决方案主要来自国外企业，国内供给能力薄弱，自主可控发展面临较大风险。标准规范方面，我国云计算标准体系尚不完备，评测认证环节缺失，技术创新缺乏协同配合，需进一步加强支撑条件建设，增强对云计算发展的促进作用。此外，我国信息基础设施基础薄弱，宽带普及率较低，不利于高质量云计算服务的提供。

信息安全保障及服务监管能力较弱。当前，国内对云计算的研究还处于起步阶段，法律制度、市场环境、生态环境不够完善，信任机制不够健全，导致云计算市场鱼龙混杂，缺乏大型、可信赖的服务提供商，也缺乏行业普遍认可的成功应用实践案例。同时，信息安全问题仍然是潜在用户的重要顾虑，云计算提供商如何提供高可靠和可用的服务、以及高水准的灾难恢复服务，以保障用户的信息安全和隐私权益，一直有待解决。

（三）布局特点

初步形成城市带动区域的发展格局。我国云计算产业已经初步形成环渤海区域、长三角区域、珠三角区域、西部区域、东北区域和中部区域等六大区域集聚发展的格局。区域中心城市由于在政治、经济、文化、科技实力、企业资源、信息等方面具有优势，成为各区域云计算发展的领头羊。例如环渤海区域的北京，长三角区域的上海、杭州，珠三角区域的深圳、广州，西部区域的西安、成都，中部区域的武汉，东北区域的哈尔滨等城市，成为带动各自区域云计算整体发展的中坚力量。

城市结合自身特点差异化发展。北京、上海、深圳等一线大城市凭借丰富的经济、企业和信息资源聚集了各个产业环节的大量企业，积极打造全面发展的云计算产业体系。南京、济南、武汉、西安、哈尔滨等二线城市则结合自身特点和需求，制定侧重于特色云计算产业应用或某些优势产业环节的发展路线。例如哈尔滨依靠地理位置优势聚集云数据中心，并利用制造业需求重点发展行业云应用。南京结合智慧城市建设和行业需求重点发展电子政务云、电子商务云、智能交通云等。

产业园区助推城市云计算集聚发展。各地政府出台了多种政策措施保障云计算产业发展，许多城市依托专业软件园区规划了云计算产业基地，给予云计算高度的重视和支持。例如北京、广州、南京分别以中关村软件园、天河软件园和中国（南京）软件谷为依托打造云计算发展集聚地。深圳、哈尔滨、重庆等城市则规划了新的云计算基地，助力城市云计算发展。

第十章　互联网产业

互联网产业是指从事互联网运行服务、应用服务、信息服务、网络产品和网络信息资源的开发、生产以及其他与互联网有关的科研、教育、服务等活动的行业的总称，包括互联网接入及相关服务、互联网信息服务和其他互联网服务等3个子行业。互联网接入及相关服务包括互联网接入服务、IDC产业和网吧等；互联网信息服务包括电子商务服务、网络游戏业、互联网广告、搜索引擎服务、网络媒体、网络社区和其他互联网信息服务业。

表 10-1　互联网行业子行业分类

行业及代码	子行业及代码	行业描述
64 互联网和相关服务	6410 互联网接入及相关服务	指除基础电信运营商外，基于基础传输网络为存储数据、数据处理及相关活动，提供接入互联网的有关应用设施的服务
	6420 互联网信息服务	指除基础电信运营商外，通过互联网提供在线信息、电子邮箱、数据检索、网络游戏等信息服务
	6490 其他互联网服务	指除基础电信运营商服务、互联网接入及相关服务、互联网信息服务以外的其他未列明互联网服务

资料来源：《国民经济行业分类》(GB/T 4754-2011)。

按照终端不同来区分，互联网产业可分为桌面互联网产业和移动互联网产业。在基础服务业中，移动互联网主要涉及移动接入，在信息服务业中，移动互联网可渗透到各类应用中。

一、发展情况

（一）产业规模

2013年，中国互联网产业持续增长态势良好，以移动互联网、电子商务O2O、大数据等为代表的新兴领域得以快速发展。根据中国互联网络信息中心的统计数据显示，截至2013年年底，中国网民数量达到6.18亿，互联网普及率为45.8%，比2012年年底提升3.7个百分点，互联网已经覆盖到中国所有县级以上城市和超过99%的乡镇，86.7%的行政村开通了宽带。CNNIC调查报告显示，截至2013年年底，手机网民达到5亿，占网民比例由上年的69.3%升至81%。IPv6地址数量为16670块/32，较去年同期大幅增长33%，在全球的排名由2011年6月的第15位迅速提升至第2位。域名总数增至1844万个，相比2012年年底增速达到37.5%，其中.CN域名总数为1083万，相比2012年同期增长44.2%，占中国域名总数比例达到58.7%，.COM域名数量为631万，占比为34.2%。

截至2013年11月，中国共有68家互联网企业在境内外上市，总市值达到18252亿元人民币，环比增长16.9%，其中在美国上市46家，香港上市10家，内地上市12家。上市公司的利润率和收入增速分别为33.7%与32.8%，高于全球市值前30名互联网公司的13.5%和27%，从全球市值排名来看，我国有7家企业进入全球互联网市场前30名。CNNIC数据显示，2013年我国电子商务市场规模达到10.67万亿元，同比增长33.5%。搜索引擎、网络广告、网络游戏、视频网站市场规模同比增长分别为38.8%、44.7%、20.9%和51.1%。电子商务的影响力迅速提升促使传统商业企业积极建立网上商城，利用网上和线下实行差异化竞争，利用微博、微信、APP等互联网方式改变营销渠道和手段。

（二）产业创新

2013年，互联网的产业创新从技术创新为主逐步转变到以商业模式创新为主的时代。从互联网的发展历程来看，找到清晰而可持续的商业模式需要经过漫长的试错和摸索阶段，移动互联网也将如此。随着移动互联网发展进入实质阶段，技术、网络、终端、用户等方面已经具备了良好的基础，盈利的商业模式呼之欲出。目前，信息内容成为移动互联网行业盈利蓝海，惟有拥有和提供好的内容，才能实现持续发展。依靠优质内容直接向用户收取费用的"内容付费"模式或将成为移动互联网领域主导模式。

以苹果为代表的"终端＋服务"的商业模式是目前较为成功的商业模式之一，它改变了传统游戏规则中终端制造企业只能通过制造环节来获取利润的固定模式，通过构建面向双边市场的应用平台将互联网体验完美移植至移动终端。在苹果的示范效应下，其他厂商纷纷效仿，如亚马逊推出"电子阅读器＋Kindle Store"，谷歌推出"Android 终端＋Market"等。此外，搜索业务将随着智能语音和穿戴式设备发展，逐步成为移动互联网的盈利支点；随着移动智能终端屏幕的变大和流量资费的降低，移动广告的效果和接受度将大幅提高；移动游戏与社交网络服务有机结合，越来越吸引用户的兴趣和时间，用户的付费意愿加强；移动支付国家标准已经出台，技术环境成熟，促进移动电子商务快速发展，未来潜力巨大；移动视频可以很好移植 PC 端的广告植入模式等都将陆续成为移动互联网的新的商业模式。

二、发展特点

（一）规模特点

虽然网民规模净增长数较为庞大，但是增长速度回落的态势。2007—2013 年，中国网民数量的增长迅速，互联网普及率平均每年提高约 6 个百分点，2008 年和 2009 年表现尤为明显，网民年增长量达到 9000 万，网民规模增长呈现一轮快速增长的高峰期。但是，从 2012 年开始，互联网网民增长速度逐渐回落，2013 年增速回落更加明显。

网民规模增速放缓的主要原因是在互联网使用达到一定规模后，群体之间扩散传播速度减缓。不过，从互联网普及率的绝对水平来看，我国互联网普及率仍处于较低水平。比较而言，发达国家如美国、日本和韩国等，其互联网普及率较高，均已达到 75% 的水平。因此，我国互联网未来还是有很大的增长空间。

（二）结构特点

一是网民通过互联网进行交流互动的习惯和方式与以往出现较大不同。2013 年中国网民电子邮件的使用率继续下降，据 CNNIC 第 33 次调查报告资料显示，截至 2013 年年底，电子邮件的使用率仅为 42%，用户量仅增加 841 万人。取而代之的是更加丰富和便捷的即时通讯，其使用率快速上升至86.2%。社交网站使用率在2013年继续下滑至45%。

二是微博、微信等交互方式逐步比肩新闻网页，成为网民信息获取的新渠道。截至2013年，网络新闻的使用率下降至79.6%，用户规模人数为4.9亿。相比之下，微博的使用比例快速上升至70.7%以上，并且其传播速度快、传播范围广、交互方便等特点备受用户青睐，正在逐步成为网民获取新闻、娱乐、工作和生活等各种信息的重要渠道。

三是娱乐类应用增长放缓，但网络视频用户增幅明显。2013年，网络视频、网络游戏和网络文学用户使用率分别为69.3%、54.7%和44.4%，用户增长率分别为15.1%、0.7%和17.6%。

四是电子商务类应用使用率保持上升态势。2013年网购用户增长至3.02亿人，较上年增加5987万，增长率为24.7%，使用率从42.9%提升至48.9%，年增长11.9%，网上支付用户规模达到2.6亿，用户年增长3955万，增长率为17.9%，使用率提升至42.1%。

（三）技术特点

近年来，互联网新技术、新业务加快创新发展，以移动互联网、云计算等为代表的互联网技术及应用，发展势头强劲，带动了相关产业的创新发展。

一是搜索技术让搜索引擎为用户带来更大的价值。表现为：可实现智能化和垂直化、结果更加人性化和应用化、了解用户的真正需求。

二是全面进入云计算时代。利用高速互联网的传输能力，将数据的处理过程从个人计算机或服务器移到互联网上的计算机集群中。

三是IPv6将全面登场。IPv6是下一代的网际网路协定，它的出现，其中一个最重要的原因就是要解决IP位址短缺的问题。随着现在各种网路应用的蓬勃发展，IP位址快速消耗，过去IPv4所能提供的IP位址已经不敷使用，IPv6新增的位址空间能够有效地解决IP位址不足的危机。

（四）市场特点

继2012年互联网市场呈现出互联网企业扎堆私有化的特点后，2013年，私有化依然成为中概股资本运作的主流。其中文思海辉、弘成教育、展讯通信、安博教育、柯莱特均收到私有化要约。而分众传媒、飞鹤药业、众品食业及 7 天均宣布完成私有化协议。另外，百思买、安博教育的私有化宣布失败。

互联网领域重大投资、收购事件频发：

2013 年 5 月，阿里巴巴以 2.94 亿美元入股高德，成为高德地图的第一大股东 (占股 28%)。随后，阿里巴巴又以 5.86 亿美元购入新浪微博发行的优先股和普通股。

2013 年 7 月 16 日，百度宣布将全资收购网龙控股子公司 91 无线，总价为 19 亿美元，这一金额超过 2005 年雅虎 10 亿美元参股阿里巴巴，成为中国互联网有史以来最大的并购案。与此同时，91 无线概念股如姚记扑克、天音控股在 A 股市场上也风生水起。另外，百度 3.7 亿美元收购 PPS 视频和 1.6 亿美元收购糯米。

2013 年 9 月中旬，腾讯宣布，以 4.48 亿美元战略入股搜狗，并将旗下的搜索和 QQ 输入法并入搜狗现有的业务中，腾讯将持有新搜狗 36.5% 的股份。

区域篇

第十一章　环渤海地区软件产业发展状况

环渤海地区包括北京、天津、河北、山西、内蒙古自治区和山东，是全国软件产业的传统重镇，拥有北京、济南两座软件名城，聚集了全国数量最多的软件百强企业、规划布局内重点软件企业和计算机信息系统集成资质企业。在这一聚集区中，北京软件产业业务收入规模位居全国第三，聚集了丰富的科研机构和高端人才资源，是众多国内外软件企业总部及主要核心研发机构所在地，形成了产业各环节协同发展的全产业链式发展模式。

一、整体发展情况

受北京、山东、天津软件产业增速放缓影响，2013 年，环渤海地区软件产业收入增幅和所占比重相比 2012 年均有所下降。

（一）产业收入

2013 年 1—11 月，环渤海地区软件业务收入达到 6635 亿元，同比增长20%。

从各省市情况看，2013 年 1—11 月，北京市实现软件业务收入为 3740 亿元，同比增长 13.0%；山东省实现软件业务收入 2084 亿元，同比增长 28.6%；天津市实现软件业务收入 686 亿元，同比增长 48.5%。这三个省市软件业务收入占环渤海地区软件业务收入的 98.1%。在 2013 年 1—11 月全国软件产业前十位省市中，环渤海地区占了两个席位，即北京和山东，分别位居第三和第五。

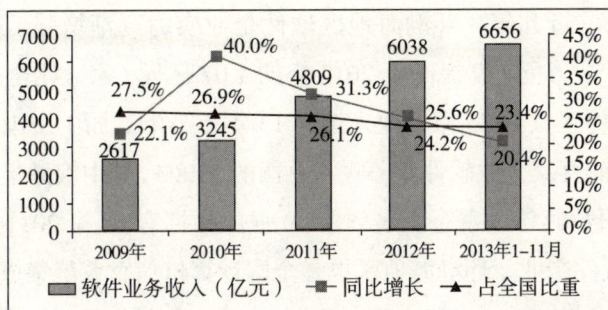

图11-1 2009—2013年11月环渤海地区软件产业业务收入规模及增速

资料来源：工业和信息化部运行局，2013年12月。

（二）产业结构

2013年1—11月，环渤海地区新兴信息技术服务增势突出。数据处理和运营服务业务收入为1727亿元，占收入总额的26%，为增速最高的细分领域。嵌入式系统软件业务实现收入951亿元，占比14.3%。IC设计业务实现收入178亿元，占比2.7%。软件产品、信息系统集成服务、信息技术咨询服务增长较为平稳，分别实现收入3101亿元、2099亿元和1136亿元，同占比46.7%、31.6%和17.1%。总体来看，软件产品业务和信息技术服务业务收入结构保持不变，软件产品（含嵌入式系统软件）业务收入占收入总额的55.5%，与2012年比重上升接近10个百分点。

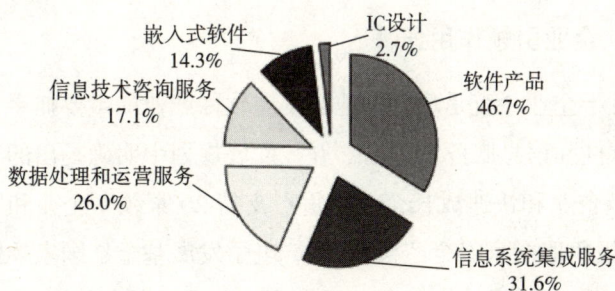

图11-2 2013年1—11月环渤海地区软件业务收入结构

资料来源：工业和信息化部运行局，2013年12月。

（三）企业情况

截至2013年11月，环渤海地区共聚集9971家软件企业，占全国软件企

81

业总数的 31.3%。近几年，环渤海地区软件企业实力逐渐增强，企业单体规模从 2011 年的 8852 万元 / 家提高至 2012 年的 1.07 亿元 / 家，比全国平均水平高 21.6%。环渤海地区共有 35 家企业入选 2013 年（第十二届）中国软件业务收入前百家企业，占前百家企业软件业务收入总额的 35.8%，其中浪潮集团、北大方正、航天信息、神州数码等 4 家企业名列前 10 强。并拥有 58 家 2011—2012 年度规划布局内重点软件企业。环渤海地区也是全国计算机信息系统集成资质企业数量最多的地区之一。截至 2013 年 9 月，共有 1384 家企业获得计算机信息系统集成资质，占全国总数的 30.6%。其中，一级资质企业 107 家，二级资质企业 185 家，三级资质企业 798 家。

二、产业发展特点

（一）产业结构转型特征明显

近两年，以北京、山东为首的环渤海地区加快转型步伐，自主、高端、新兴业务发展势头强劲。以北京市为例，着重打造形成以平台型企业为龙头的新型产业价值链，移动互联网、云计算等新兴领域年均增速高达 50%，产业整体规模超过千亿元。天津国家数字出版基地云计算中心是国内第一家数字出版云服务提供商，也是国内第一家云服务全线产品提供商。

（二）龙头企业引领作用显著

着力培育骨干企业一直是环渤海地区发展软件产业的重要抓手，并取得了显著成绩。北京软件和信息服务业"十二五"发展规划中明确提出的"集中资源扶持大企业、新型企业和快速成长企业，重点支持 20 家领军企业和 300 家骨干企业"。山东省积极争取国家安全"核高基"、电子发展基金、国家软件公共服务平台专项等重大专项项目，走出了一条"重大项目助力骨干企业培育"的发展道路，浪潮、中创软件、新北洋、万博科技等 7 家企业入围 2011—2012 年度国家规划布局内重点软件企业。

（三）平台化效应进一步凸显

环渤海地区软件产业平台化效应进一步凸显，特别是在云计算、移动互联网、大数据等新兴领域，市场已由产品竞争转为平台竞争。以云计算为例，百度、用友、新浪、浪潮、联想、八百客等企业均已搭建了自有的云平台，并开始提供各项云服务。百度从一家技术公司向平台公司转型：开放数据、产品和技术。截至 2013 年 6 月，百度云平台开发者注册量突破 25 万，个人云用户数已突破 7000 万。小米的 MIUI 操作系统平台正变成小米在智能终端领域实现差异化发展的突破口，用户量超过 1000 万，来自游戏、搜索、主题分成、应用商店下载等的收入单月营收突破千万。

三、主要行业发展情况

（一）基础软件

环渤海地区是全国基础软件的发源地，聚集了中标软件、东方通、人大金仓、中和威、南大通用、神舟通用、中创软件等在国内有广泛知名度的基础软件企业，涉及操作系统、数据库、中间件等领域。人大金仓已成功突破电子政务、军工、金融、保险、电力、审计、卫生、水利、财务、农业、教育和制造业信息化等关键领域，产品累计推广超过 35 万套，市场份额连续五年位居国产数据库首位。除了北京、天津、山东等，河北的基础软件行业也在快速发展中，目前有 3 家从事中间件研发的企业，年销售收入共达到 320 万元。

（二）嵌入式系统软件

嵌入式系统软件是环渤海地区软件产业发展的优势领域，主要集中在山东、天津等地。山东是全国嵌入式系统软件业务收入规模第三大省，面向家电、轨道交通、电力、橡胶、环保管理、城市管理等领域培育了一批嵌入式系统软件骨干龙头企业，包括海信网络、东软载波、软控股份等国内知名企业，后两家公司均是上市企业。河北有 160 家企业从事嵌入式系统软件研发，年产值超过 50 亿元。

（三）信息技术服务

在环渤海聚集区内，北京的信息系统集成服务收入、数据处理和运营服务收入规模位居全国之首，分别占全国收入总额的 12.1% 和 22.2%。全国 107 家计算机信息系统集成一级资质企业，有 87 家来自北京，在电子政务、交通运输、电信、金融业、建筑业、医疗、电力等行业培育了一批龙头骨干企业。2012—2013年上半年，受全球经济增速放缓的大环境影响，传统的信息技术服务企业业绩出现增速放缓、下滑的情况，但面向智慧城市、智能交通、医疗、地理信息等新兴领域的企业保持了较快增长。智能交通领域的企业易华录在1—2月，千万以上订单数量占比和金额占比分别达到33%和84%，均创历史最高或次高水平。

四、重点省市发展情况

（一）北京

1.总体情况

作为环渤海地区第一大软件产业主导城市，近年来，北京软件和信息服务业进一步向产业链的两端延伸和拓展，呈现平稳较快增长态势。2013年1—11月，北京软件业务收入达到3740亿元，同比增长10.8%。

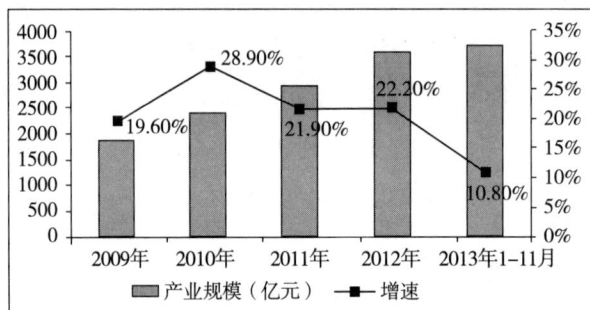

图11-3　2009—2013年11月北京软件产业规模及增速

资料来源：赛迪智库，2013年12月。

2.发展特点

随着城市发展空间受限、成本急剧上升等因素，北京软件产业呈现新的发展格局，由以中关村为主要聚集地向周边多点扩散，形成中关村科学城、中关村软件园、中关村软件新园以及物联网产业基地、云计算产业基地等多个基地的"一城两园多基地"的格局。中关村软件园新园主要以云计算、移动互联网等新兴领域为主，目标是成为软件与信息服务业的核心区、战略性新兴产业策源地。目前，新园、新基地集聚效应初显，产业发展迅速。其中，中关村软件新园的计算机企业超过 40 家，移动互联网企业超过 28 家。北京云基地自 2010 年 8 月入驻亦庄经济开发区以来，已形成南亦庄、北中关村的双格局。两个基地共有员工 1000 余人，入驻企业超过 20 家，产品及服务囊括了云服务器、瘦终端、云存储等硬件产品、云操作系统、桌面虚拟应用系统等基础软件、数据挖掘系统等应用软件以及云系统集成技术等各个环节，建立起完备的生态系统。云基地的发展经验及"基地＋基金"模式也成为了全国的标杆。

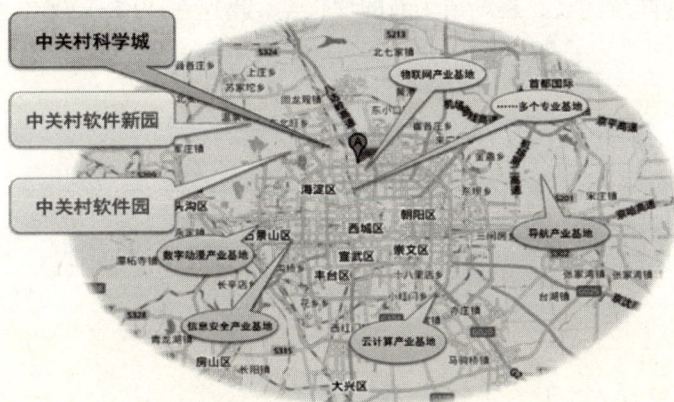

图11-4　北京市软件产业布局

资料来源：中国软件行业协会，2013 年 12 月。

（二）山东

1.总体情况

2013 年，山东省软件业发展继续保持较快增长态势，重点城市、园区和企业支撑带动能力显著，1—11 月完成软件业务收入 2084 亿元，同比增长 28.7%。

2013 年 1—11 月，软件产品完成业务收入 598 亿元，占全省软件业务比重为 28.7%。嵌入式软件完成业务收入 375 亿元，占比 18%。软件产业和嵌入式软件总共占比 46.7%。系统集成服务、信息技术服务、数据处理和运营服务三类业务分别完成收入 430 亿元、393 亿元和 259 亿元，三者组成信息技术服务业收入占全省软件业务收入的比例达到 51.9%，比上一年进一步提高 0.6 个百分点。

2.发展特点

重点城市、园区、企业对山东省软件产业发展的支撑带动能力日益显著。济南"中国软件名城"品牌效应凸显，NEC 软件把济南作为中国发包中心，和华信等国内著名接包企业签订发包业务合同，浙大网新、中软国际等中国外包十强企业纷纷落户济南。青岛采取"全域统筹、三城联动"的城市空间发展规划，创新性提出了环胶州湾建设"东园、西谷、北城"战略。海尔、浪潮、海信、中创、东方电子、威海北洋等 9 家软件百强企业贡献软件业务收入超过 600 亿元。潍坊恩源、中迅信息、烟台海颐、东方威思顿等一批起点高、技术新、市场潜力大的中小软件企业陆续涌现，逐渐成为新的增长点，增速在 40%—200% 之间。

第十二章　长江三角洲地区软件产业发展状况

　　软件产业伴随着长江三角洲经济社会的发展，近年来也获得了迅速的发展。长江三角洲与珠江三角洲、环渤海湾地区一道成为中国三大软件产业区域基地。作为中国最具经济活力的长三角地区，科技资源和综合配套能力得天独厚，区位、资本、教育竞争力强，驱动软件产业强劲发展。包括上海、江苏和浙江的长江三角洲地区是中国重要的软件产品和信息服务基地，在国内软件产业建设方面已经进入快车道发展。

一、整体发展情况

（一）产业收入

　　2013年1—11月，上海、江苏、浙江的软件和信息技术服务业收入之和达到8893亿元，占全国软件和信息技术服务业收入的31.3%。特别是随着南京、苏州、杭州等城市软件产业的快速崛起，无锡、扬州、宁波等城市的不断跟进，与上海形成梯队互补的发展格局，地区产业配套能力增强，产业势能不断提升。

（二）产业结构

　　2013年1—11月，上海、江苏、浙江的软件产品收入之和为2697亿元，占全国软件产品收入的29.6%；嵌入式软件收入为2007亿元，占全国嵌入式软件收入的43.7%；信息系统集成业务收入为1493亿元，占全国信息系统集成业务收入的25.4%；信息技术咨询业务收入为751亿元，占全国信息技术咨询业务收入的 24.6%；数据处理和运营业务收入为 1511 亿元，占全国数据处理和运营业务收入的 30.6%；IC 设计业务收入 435 亿元，占全国 IC 设计业务收入的 52.9%。

（三）企业情况

2013 年 1—11 月，上海、江苏、浙江三地，软件和信息技术服务业企业数量达到 8432 家，占全国软件和信息技术服务业企业数量的 26.5%。平均单个企业创造的软件与信息技术服务业务收入为 1.05 亿元，比全国平均 8910 万元的水平高出 17.8%。

二、产业发展特点

（一）服务化、融合化趋势明显

2013 年 1—11 月，上海市信息技术服务收入占该市软件与信息技术服务业总收入的比重达到 59.9%，远高出全国平均水平。上海市、江苏省、浙江省三地在嵌入式和 IC 设计服务方面占比分别接近和超过全国产业的一半。软件服务化和软硬结合的趋势日趋明显，新的业态和商业模式不断涌现。

（二）产业整体集聚度高

长江三角洲地区软件产业集聚度高，重点城市、园区成为产业发展的聚集区。从江苏省看，2013 年 1—11 月，苏南 5 市完成软件业务收入占全省软件业务收入总量的九成以上。其中，南京市完成软件业务收入 2377 亿元，同比增长 30%，占全省产业的 46.7%。从浙江省看，杭州市的软件和信息技术服务业收入达到 1490 亿元，同比增长 36%，杭州市与宁波市一起占据浙江省软件和信息技术服务业收入的 96.8%。从上海市看，4 个国家级软件产业基地、6 个市级软件产业基地以及一批特色产业基地，集聚了全市 70% 的软件企业，形成了"4+6+X"的产业布局。

（三）优势互补实现园区协同发展

上海市、江苏省、浙江省根据自身优势，因地制宜发展园区经济，形成优势互补的良好发展局面。上海市充分发挥在基础建设、政策配套、政府管理经济发展（尤其是涉外经济）经验等方面的优势，引进国外软件行业巨头公司带动产业升级，同时提供全面的金融服务，保障本土企业的发展。江苏和浙江则借力发展，积极建设差异化的总部经济模式。

三、主要行业发展情况

（一）嵌入式系统软件

嵌入式系统软件是长三角地区软件产业发展的优势领域，主要集中在上海、江苏等地。2013 年 1—11 月，长三角地区嵌入式软件收入为 2007 亿元，占全国嵌入式软件收入的 43.7%。其中，江苏是全国嵌入式系统软件业务收入规模第一大省，业务收入达到 1667 亿元。面向电力、通信、交通、金融、网络、工程及制造等领域，培育了一批嵌入式系统软件骨干龙头企业。

（二）IC设计

2013 年 1—11 月，长三角地区 IC 设计业务收入 435 亿元，占全国 IC 设计业务收入的 52.9%。比重过半，领跑我国 IC 设计产业。其中江苏和上海两地，分别实现收入 236 亿元和 172 亿元，包揽全国 IC 设计业务收入规模前两名。在江苏和上海的带动下，长三角地区围绕集成电路产业，形成了较为完备的产业链，覆盖 IC 设计、晶圆制造、IC 封测。以江苏为例，集成电路设计业，无锡华润矽科微电子有限公司多年居全国前十位；集成电路晶圆业，海力士半导体（中国）有限公司居全国第一位、华润微电子有限公司居全国第四位、和舰科技（苏州）有限公司居全国第九位；集成电路封测业，江苏新潮科技集团有限公司已位居世界 IC 封装业的第八位、全国第三位，南通华达微电子集团有限公司居全国第四位，海太半导体（无锡）有限公司居全国第七位，英飞凌科技（无锡）有限公司多年位居全国前十位。

（三）工业软件

长三角地区也是我国工业软件产业发展的聚集区域，尤其是在行业自动化和智能控制领域。面向电力、钢铁等行业领域，集聚了一大批品牌企业。典型骨干企业如上海宝信，面向钢铁行业提供信息化和生产过程管理解决方案；南瑞、南自、金智、科远、方天等企业充分发挥在电力自动化和智能电网领域的优势，在发电、输电、变电、配电、用电和调度等产业链的各个环节形成自主知识产权的产品群，占据国内市场一半以上的份额，帮助国家电网实现了安全可控的智能化。

四、重点省市发展情况

（一）上海

2013年1—11月上海市实现软件业务收入（软件产品和嵌入式软件业务）832亿元，在全国范围内处于较为领先的地位，产业基础雄厚扎实。

2013年1—11月上海市信息技术服务业收入1245亿元。其中，信息系统集成服务收入446亿元，同比增长21.2%；信息技术咨询服务业务收入256亿元，同比增长21.9%；数据处理和运营业务收入371亿元，同比增长22.4%；IC设计业务收入172亿元，同比增长13.3%。截至2013年11月，上海软件和信息服务业企业共2100家。

上海浦东软件园作为国家部委和上海市人民政府合作的共建项目，十多年来，经过各方努力，已经成为产业特征清晰、技术创新活跃、人力资源优秀、服务功能完善的"国家软件产业基地"和"国家软件出口基地"。

（二）江苏

2013年1—11月，江苏软件与信息服务业保持较快增长，累计完成业务收入5095亿元，同比增长32.3%，业务总量全国第一。

产业结构方面不断趋于优化。2013年1—11月，软件产品收入稳定增长，软件产业服务化趋势日益突出，软件与信息服务业对"两化融合"的推动作用显著增强。软件产品收入实现1417亿元，同比增长52.3%；实现信息服务收入2011亿元，占软件与信息服务总收入的39.47%，特别是信息系统集成服务和信息技术咨询服务收入发展迅速，分别实现收入811亿元和383亿元，同比增长52.4%和52.8%。嵌入式系统软件完成收入1667亿元，同比增长14.8%。

截至2013年11月，江苏省有软件和信息服务业企业4401家。两款软件产品荣获2013年度中国软件和信息服务大奖：镇江金钛软件有限公司的"金钛任务流目标管理软件"荣获2013年度中国软件和信息服务目标管理软件领域最佳产品奖；江苏汇知网络科技有限公司的"云学堂"荣获 2013 年度中国软件和信息服务在线教育行业最佳应用奖。

（三）浙江

2013 年 1—11 月，浙江省软件和信息技术服务业延续了快速健康发展的良好态势，收入 1721 亿元，同比增长 35.2%。其中软件产品业务实现收入 538 亿元，同比增长 31.3%；嵌入式软件业务实现收入 250 亿元，同比增长 28.9%。信息技术服务业实现收入 933 亿元，占比达到 54.2%。其中信息系统集成服务实现收入 236 亿元，同比增长 13.1%；信息技术咨询服务实现收入 117 亿元，同比增长 27.1%；数据处理和运营服务实现收入 558 亿元，同比增长 60.4%；IC 设计实现收入 271 亿元，同比增长 9.9%。截至 2013 年 11 月，全省软件和信息技术服务业企业总数达到 1931 家。

第十三章　珠江三角洲地区软件产业发展状况

　　珠三角地区是中国最重要的软件产业基地之一，产业集聚度较高，产业布局一体化趋势明显，以广州、深圳、珠海为中心辐射区，以国家级和省级软件和信息服务业园区为重要载体的产业布局逐步形成，促进了大型软件和信息服务企业以及高端人才的集聚，为产业的集群化、规模化发展奠定了重要基础。

一、整体发展情况

（一）产业收入

　　近年来，珠三角地区的软件业务收入一直保持稳定、高速增长的态势，在国内软件产业中所占比重逐年上升。2013 年 1—11 月，广东省软件产业业务收入4573 亿元，占全国软件业务收入的比例为 16.1%。

（二）产业结构

　　珠三角区位优势突出，创业环境良好，领先的电子政务、城市信息化建设及旺盛的企业客户需求为软件企业提供了巨大的市场空间，行业应用软件实力突出，具备相当的软件产业发展后劲，而珠三角强大的电子制造业基础为嵌入式软件的迅速发展提供了重要的基础保障。同时，珠三角作为国家级"两化融合"试验区，集成电路设计、嵌入式软件、行业应用软件等领域发展水平居全国前列，信息服务对传统产业深度渗透，推动通信设备、汽车制造、机械装备、家用电器等优势传统制造业的核心竞争力快速提升。面向行业的产业公共技术开发平台如数字家庭公共服务技术支持中心、Linux 公共服务技术支持中心、嵌入式软件技术支持中心等的建设为软件产业发展提供了优良的创新支撑环境，有效提高了产业自主创新能力。深圳、广州等软件产业发达城市对整个珠三角地区软件的拉动效应愈发明显。

（三）企业情况

2013年，珠三角地区共有16家企业入选中国软件百家企业名单，较上一届增加了2家，仅次于北京，居全国第二位。16家企业的软件业务收入合计1193.7亿元，占百家企业软件业务收入总和的32.6%。其中，深圳市7家，广州市5家，珠海市4家，其中华为公司连续11年名列榜首。

表13-1　2013年珠三角地区入选全国软件业务收入前百家企业情况

排名	企业名称	软件业务收入（万元）	所在地
1	华为技术有限公司	10177282	深圳
39	深圳市金证科技股份有限公司	186507	深圳
45	深圳市大族激光科技股份有限公司	172783	深圳
51	深圳创维数字技术股份有限公司	156994	深圳
54	广州广电运通金融电子股份有限公司	143786	广州
56	珠海金山软件有限公司	141116	珠海
57	金蝶软件(中国)有限公司	134478	深圳
60	深圳市怡化电脑有限公司	126396	深圳
75	珠海全志科技股份有限公司	96594	珠海
76	东信和平科技股份有限公司	94861	珠海
77	北明软件有限公司	94665	广州
80	深圳市紫金支点技术股份有限公司	93117	深圳
90	广州海格通信集团股份有限公司	81146	广州
95	广州理想电子信息技术有限公司	80160	广州
97	广州杰赛科技股份有限公司	79171	广州
100	远光软件股份有限公司	77978	珠海

资料来源：赛迪智库，2013年12月。

二、产业发展特点

（一）产业环境逐步完善，产业基础不断巩固

从广东省来看，近年来省委省政府出台一系列政策措施，为软件和信息技术服务业发展创造了良好的政策环境。紧密围绕壮大产业规模和提升自主创新能力两大发展方向，突出抓好专项资金，着力优化软件和信息服务产业园区载体布局，提升发展嵌入式软件和集成电路设计等优势领域，培育发展云计算、物联网等新兴软件服务业，从而带动产业整体发展。从产业基础设施来看，珠三角网络基础设施达到先进国家水平，第三代移动通信＋无线局域网（3G+WLAN）的无线宽带基本实现对热点地区的全覆盖。从财政专项资金扶持来看，从 2008 年到 2013 年，广东省现代信息服务业发展专项资金共安排 9.6 亿元，支持 421 个项目建设，直接带动项目配套投资 77.1 亿元，获得扶持的 350 家企业 4 年来累计新增产值 1465.2 亿元，累计新增利润 71.9 亿元，新增专利数量达到 1706 个。

（二）产业特色优势领域进一步突破发展

从当前珠三角地区软件产业发展情况来看，整体软件产业优势地位突出，在嵌入式软件、行业应用软件、云计算、IC 设计等领域优势更为明显，发展实力和速度均处于国内领先水平，涌现出了腾讯、迅雷、金蝶、金山等一大批知名软件企业和龙头品牌，软件产品性能和系统能力不断提升。

（三）新兴领域成为产业快速发展重要推动力

近年来，珠三角地区以物联网、云计算等新兴领域为突破口，积极抢占软件和信息技术服务业的制高点。从财政专项资金扶持来看，2013 年 1—9 月，在物联网、云计算等领域扶持建设项目 76 个，资金总额超过 1.5 亿元。在政策规划制定方面，广东省制定出台了《关于加快推进广东省云计算发展的意见》，优化全省的云计算发展布局，并先后建成了广东电信、移动和联通三大运营商云计算中心、广深超算及云计算中心、世纪互联、富士通数据中心等云计算数据中心。另外，广州市民网页民生云服务、深圳中山"健康云"、佛山、东莞中小企业云平台等一系列云计算示范工程已经取得明显成效。华为云解决方案已经获得国家云计算示范工程认可并采用，中兴、金蝶、金山以及蓝盾等企业在云计算解决方

案、操作系统、平台和云安全等领域均取得重要突破。

三、主要行业发展情况

在嵌入式软件领域，深圳已经逐步形成以通信设备、医疗设备、工业控制、消费电子、数字电视等为代表的嵌入式系统软件集群。

（一）行业应用软件

珠三角地区软件产业以其特有的渗透力和影响力，应用于国民经济各行各业，助力企业信息化，促进两化融合。广州在电信服务、机床数控、汽车电子等领域，深圳在通信系统、集成电路设计等领域，珠海在电力、数字娱乐等领域形成具有特色优势的软件服务业，有力支持传统产业融合发展。同时，各地积极通过园区孵化行业应用软件发展。如深圳软件园通过园区配套政策，推动金融、电子商务、电信管理、物流管理、互动游戏娱乐等行业应用软件企业走向国际市场，引领国内主流市场。华为、中兴网络通信的整体解决方案，金蝶的企业管理软件，金证、奥尊的金融软件，腾讯的网上即时通讯软件，现代的地铁综合管理系统，科陆的电力调度管理软件以及海云天的教育软件等产品均在国内具有较高的知名度和市场占有率。

（二）移动互联网

珠三角地区培育了一批龙头知名企业，主要包括腾讯、迅雷、UC 等著名品牌，在全国率先形成包括手机浏览器、手机网站和移动互联网的完整产业链条，同时带动形成了数百亿元的消费市场。

四、重点省市发展情况

（一）广州

一是产业规模快速提升。广州市作为国家级软件产业基地和国家级软件出口创新基地，软件产业发展基础和实力雄厚。从 2000 年软件业务收入 47 亿元，之后以平均 30% 左右的速度稳步增长，2013 年 1—11 月软件业务收入已达到 1479 亿元。

二是软件企业不断发展壮大。随着国发 18 号文件、国发 4 号文件等一系列政策的发布和实施，税收优惠政策的积极落实，越来越多的企业从中获利，广州市软件企业也呈现出快速发展的态势，主要表现在软件企业的认定数量、规划布局内软件企业的数量以及入选中国软件百家企业的数量均出现了不同程度的增长。入选 2013 年（第十二届）中国软件百家企业名单的广州软件企业有 5 家，与 2012 年同比增加了 2 家，并且软件业务收入有了较大幅度的增长。

三是软件外包成为广州市服务外包业务的重点。广州凭借自身的区位资源优势、产业优势和人才优势，已成为中国发展服务外包产业的一线城市，而广州目前的主要外包业务是软件设计和开发服务。在软件外包领域，多家知名的国内及国际软件设计和开发公司入驻广州外包示范区。目前在广州的软件外包业务主要是三类：外企在华公司的业务、东南亚香港的离岸市场业务和大型企业自身的数据业务，其中离岸的软件外包业务规模偏小。

四是产业载体建设逐渐成熟。广州市政府在重视产业发展的情况下也注重产业集聚载体的建设。通过 10 年的努力，目前广州市百亿规模的园区已有天河软件园、广东科学城、黄花岗科技园三家，园区的大力发展为广州市的软件产值创造了不可多得的产业环境，园区相关配套政策也为企业的发展提供了坚强的后盾和培育的土壤。

五是财政资金扶持力度不断加大。广州市从 2007 年起连续 5 年，市级财政每年投入 1.8 亿扶持资金专项用于软件产业的发展。此外，科技三项经费、各区级科技经费以及其它专项经费也向软件产业倾斜，每年全市用于扶持软件产业的财政经费总计超过 4 亿元。

六是产业集聚发展效应明显。天河软件园是广州市软件产业基地的核心，集聚软件和信息技术服务企业 1500 多家，从业人员超过 12 万人，近年来软件业务收入年均增长率保持在 30% 以上。园区软件企业、登记软件产品数量、软件业务收入等指标均占全市的 60% 以上。该园区规划总面积 12.25 平方公里，是国家软件产业基地、国家网游动漫产业基地、国家火炬计划产业基地、国家服务外包示范城市、国际出口软件创新基地。广州科学城也是广州市软件产业的重要集聚区域，科学城规划总面积 78.92 平方公里，聚集科技企业将近 4000 家，研发机构 285 家，早在 2009 年软件和信息技术服务业产值就超 200 亿元。黄花岗科技园是广州市软件产业发展另一个相对集中的区域，规划面积 1 平方公里，软件及服务业企业超过 250 家，被授予"中国服务外包基地城市广州示范区"、"国家信息服务产业发展基地"。

（二）深圳

一是软件产业规模快速增长。深圳市软件产业规模持续扩大，产业实力位居全国领先水平。2013 年 1—11 月，深圳市全年实现软件业务收入 2758 亿元，同比增长 19%，占全省（4573 亿元）、全国（28393 亿元）的比重分别达到 60% 和 9.7%，位居全国大中城市第二位。

二是产业结构合理，服务化趋势突出。深圳已经形成以嵌入式软件为主体，大型行业应用软件、系统集成和运维服务、IC 设计等多种业态多元化发展的产业格局。2013 年 1—11 月，深圳市以信息系统集成服务、信息技术咨询服务以及数据处理和运营服务为代表的信息技术服务业务收入为 945.6 亿元，占软件业务收入的比重为 34.3%，并且数据处理和运营服务增长势头强劲，全市软件产业服务化趋势日益明显。

三是软件人才队伍不断壮大。近年来，深圳积极克服本土软件院校较少的短板，推动和引导深圳大学、深圳职业技术学院和深圳信息技术学院等高等院校结合深圳软件企业人才需求现状，不断扩大软件专业招生规模和优化软件学科设置，建立健全深圳软件园软件人才培训服务平台，为软件人才提供入户、工种鉴定等多种政策便利，"多条腿走路"多渠道培育软件人才。

四是产业投融资体系建设较为完善。积极引进创投、风投机构投资软件企业。深圳充分发挥创业投资、风险投资发达的优势，积极引导本土深圳高新投、国际知名创投和风投机构投资深圳软件企业，推动了如金蝶、金证、国民技术等软件企业的大发展。另外，深圳还针对中小软件企业小额短期贷款需求突出的问题，提出了以成长型中小企业和拟上市企业为主体，建立"深圳市成长型中小企业信用贷款增信与补偿平台"的思路。平台上企业按一定比例交纳"联保金"进行联保，同时，调动商业银行深度参与，共同构建增信与补偿平台运行机制，重点解决成长型中小企业 3000 万元以下的短期信用贷款问题。

第十四章　东北地区软件产业发展状况

东北地区包括辽宁、吉林和黑龙江，是中国传统工业的聚集区。东北地区软件和信息服务业本身具有一定的基础，随着老工业基地振兴战略的实施，以及两化深度融合的推进，东北地区软件产业得到进一步发展。尤其在工业软件、嵌入式软件和服务外包等领域，走出了独具特色的发展道路。

一、整体发展情况

2013 年，东北地区软件与信息服务业运行平稳，继续保持健康、快速的发展势头。

（一）产业收入

2013 年 1—11 月，东北三省实现软件和信息技术服务业务收入 2924 亿元，同比增长了 29.9%。总体来看，东北地区虽然增长速度略有下降，但依然远高于全国平均水平，保持快速良好的发展趋势。

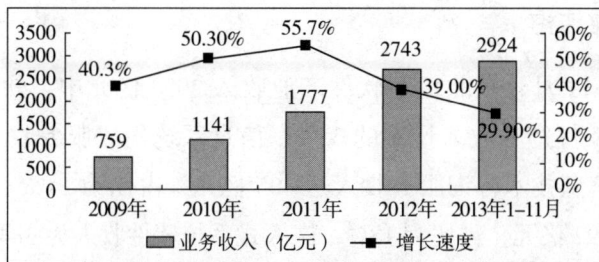

图14-1　2009—2013年11月东北地区软件产业业务收入规模及增速

资料来源：赛迪智库，2013年12月。

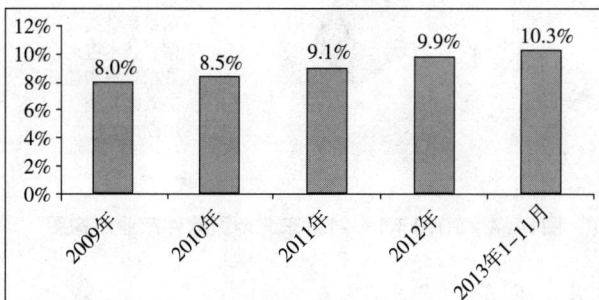

图14-2　2009—2013年11月东北地区软件产业业务收入占全国比重

资料来源：赛迪智库，2013年12月。

　　从各省情况来看，2013年1—11月，辽宁省软件和信息技术服务业务收入为2559亿元，同比增长32%，远远高于全国24.8%的平均增速；吉林省软件和信息技术服务业务收入为263亿元，同比增长19%；黑龙江省软件和信息技术服务业务收入为103亿元，同比增长11.8%；全国软件产业前十位省市中，辽宁省排在第四位，仅次于江苏、广东和北京，处于我国软件产业发达省市的行列。

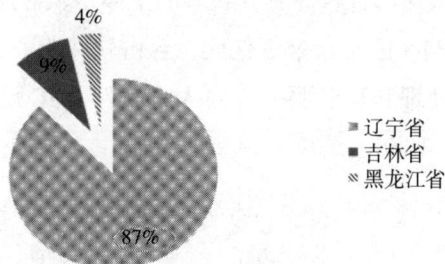

图14-3　2013年1—11月东北地区软件产业区域结构图

资料来源：赛迪智库，2013年12月。

（二）产业结构

2013 年 1—11 月，东北地区软件产业收入 2924 亿元中，软件产品收入达 1008 亿元，占软件产业收入比重的 35%；信息系统集成服务收入达 713 亿元，占比为 24%；信息技术咨询服务收入达 405 亿元，占比为 14%；数据处理和运营服务收入为 392 亿元，占比为 13%；嵌入式系统软件收入为 384 亿元，占比为 13%；IC 设计收入为 22 亿元，占比为 1%。

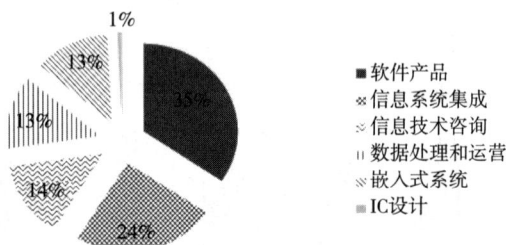

图14-4　2013年1—11月东北地区软件产业结构图

资料来源：赛迪智库，2013 年 12 月。

从各省情况来看，吉林省软件业务收入主体是软件产品、信息系统集成和嵌入式软件，业务收入分别为 59.3 亿元、67 亿元和 57.6 亿元，三项业务合占业务总收入的 70%；由于没有从事 IC 设计的企业，吉林省 IC 设计业务收入为零。辽宁省软件产品收入在 2013 年软件各项业务收入中占比最高，约为软件业务总收入的三分之一，其次为信息系统集成服务，业务收入为 620 亿元，占软件业务总收入的 24.2%；信息技术咨询服务、数据处理和运营服务、嵌入式服务以及 IC 设计的业务收入分别为 337.5 亿元、350.3 亿元、313.4 亿元和 22.3 亿元，合计占软件业务总收入的 40%。黑龙江省软件业务收入的主体是软件产品及信息系统集成服务，业务收入分别为 34.5 亿元和 25.3 亿元，合占软件业务总收入的 58.1%；信息技术咨询服务、数据处理和运营服务、嵌入式软件及 IC 设计的业务收入分别为 16.4 亿元、12.0 亿元、13.9 亿元和 1.0 亿元，合计占软件业务总收入的 41.9%。

（三）政策情况

2012 年至 2013 年上半年，为配合国家《软件和信息技术服务业"十二五"发展规划》和《进一步鼓励软件产业和集成电路产业发展的若干政策》（国发

〔2011〕4号）等政策的出台，东北地区各省市积极制定有助于推动软件和信息服务业发展的政策措施。例如，辽宁省制定出台了《辽宁省软件企业认定工作细则》（辽经信软件〔2013〕152号）等政策，吉林省下发了《吉林省信息技术人才基地认定管理办法（试行）》，《全省信息专业技术人才知识更新工程（"653"工程）实施办法的通知》等政策。

二、产业发展特点

（一）产业结构日趋优化

伴随着产业整体高速发展，信息服务业占东北地区软件服务业收入比重逐渐增加，业务结构逐渐向服务化方向发展。2011年东北地区信息服务业占软件服务业总收入的48.7%，2013年前11个月，这一比例已经提高至52.4%。从各省情况看，从2011年至2013年前11个月，辽宁省信息服务业占软件服务业总收入由48.0%提高至52%，吉林省由52.3%提高至55.6%，黑龙江省由51%提高到54.3%；尤其在数据处理与运营服务和信息咨询服务等高端服务环节，东北各省一直保持着极高的增速，辽宁省信息咨询服务增速达到33.9%，数据处理和运营服务增速达到了27.1%。

（二）重点领域优势突出

借助于传统老工业基地的产业基础和邻近日本、韩国的地理位置优势，东北地区重点培养嵌入式软件、服务外包等特色领域，并形成了明显的领域优势。在嵌入式软件方面，东北地区的软件企业将自主创新与传统产业改造相结合，形成强大的品牌优势，在数控机床、工业机器人、数字医疗设备、电力自控系统、石油石化、汽车电子等嵌入式系统产品在国内市场占有主导地位。如沈阳新松机器人自动化股份有限公司完成的"恶劣环境车载式双重载机器人系统"填补了国内外空白，系统指标达到国际先进水平。在服务外包领域，大连市服务外包收入位居全国第一，已成为名副其实的全国软件出口基地，并涌现出华信、海辉等在国内外拥有一定知名度、整体发展水平和交付能力在全国处于领先地位的品牌企业。吉林省打造延边中韩软件园，瞄准对韩优势，以软件和信息服务外包、软件企业孵化和人才培训为抓手，长远计划要打造"对韩软件和信息服务外包基地"和"中韩软件企业孵化摇篮"两大标志性品牌，培育以中韩软件产业为重点的新的品牌经济增长点，形成中韩软件的聚集地。

（三）新兴产业发展迅速

东北地区重视新兴产业的培育和发展。尤其是哈尔滨市，政府高度重视云计算产业发展，以数据中心为核心打造云计算产业集群，力争成为全国领先的云计算重点发展城市。哈尔滨市重点建设的"中国云谷"为首批中国云计算基地（中心）联盟19家成员单位之一，"中国云谷"江南基地园区总规划面积16平方公里，规划建设云计算数据中心基地、应用创新研发基地、企业孵化基地和产业发展基地；"中国云谷"江北基地规划建设总面积2.5平方公里，重点构建由公共技术测试平台、人才培训平台、云孵化平台、投融资平台、技术交流平台组成的五位一体的云计算配套服务平台。目前，哈尔滨已吸引了包括中国移动、浪潮、曙光、国裕等一批云计算知名企业前来投资发展，已启动实施的项目总投资超过300亿元，云计算产业快速发展的态势初步形成。

三、主要行业发展情况

（一）工业软件与行业解决方案

东北的工业基础和众多大型工业企业为工业软件和行业解决方案带来了广阔的需求市场，促进了东北地区工业软件的快速发展。例如，吉林省软件企业针对本省汽车、轨道客车等优势制造业开发工业软件，启明信息技术股份有限公司是突出代表，其以具有自主知识产权的汽车业管理软件为公司核心业务，在汽车管理软件和车载信息系统两个领域的市场份额占据国内第一的领先地位。辽宁省以沈阳新松机器人自动化公司、九成投资、鞍钢自动化、中冶焦耐、罗克韦尔大连分公司等企业为代表，面对工业控制、采矿、冶金、数控等领域开发工业软件。

（二）嵌入式软件

借助东北地区老工业基地振兴和传统产业技术升级改造带来的重大机遇，东北软件企业将自主创新与传统产业改造相结合，形成强大的嵌入式软件品牌优势。吉林省近年来在嵌入式软件方面涌现出一批具有实力的公司，开发出一批国内领先的软件产品，如长春迪瑞医疗的医疗检验设备控制系统、东北电院开元科技有限公司的电力行业监控系统以及金鹰智谷公司开发的煤炭行业紧急避险系统等。辽宁省在嵌入式软件领域具有传统优势。东软医疗自主研发的 Cardio CAD 2.0（心脏计算机辅助检测系统）、新型的 16 层 CT NeuViz16 Plus 通过 SFDA（国家食品药品监督管理局）认证；推出了最新型的 Flying 全数字彩色多普勒超声诊断系统。大森数控公司研发的数控机系统在机床上实现五轴联动、纳米插补、高速高精加工、伺服在线调整等功能，技术达到国内领先。

（三）服务外包

东北地区邻近日本、韩国和俄罗斯，地处当今世界经济发展最活跃的东北亚地区的中心地带，拥有发展服务外包的区位优势。吉林省充分发挥延边朝鲜族自治州的人才和语言优势，大力发展对韩、对朝的外包业务，取得了显著成果，同时成立长春软件园、长春鸿达服务外包产业园等专业外包服务园区推动产业发展。大连市是全国领先的服务外包基地，目前，大连市从事服务外包的企业有 300 多家，从业人员 5 万多人，服务范围涵盖金融、物流、通信、工业自动化控制、汽车电子、医疗电子、电子政务等众多领域，大连市被国际权威数据机构评定为外包交付能力全球第五、中国第一。大连市软件出口业务的 70% 来自日本，十三年来对日软件出口位居全国第一，大连企业 2006 年以来连续多年蝉联中国软件出口企业前三强。同时，大连在日本东京设立了大连（日本）软件园，目前已入住 40 多家企业。

四、重点省市

（一）大连

通过积极的政策措施、特色的发展模式、优秀的人才培养环境，大连市软件和信息服务业迅速发展，成为东北地区软件产业最发达的城市之一，先后被授予"国家软件产业基地"、"国家软件出口基地"、"中国服务外包示范城市"、"国家软件版权保护示范城市"、"信息技术服务外包行业个人信息保护试点城市"等称号。

1.总体情况

2013 年 1—11 月，大连市实现软件和信息技术服务业务收入 1251 亿元，同比增长了33%，占东北地区软件产业收入比重达42.8%。至2013年末，大连市软件企业数量达到1300家，软件产业从业人员达到13.8万人。

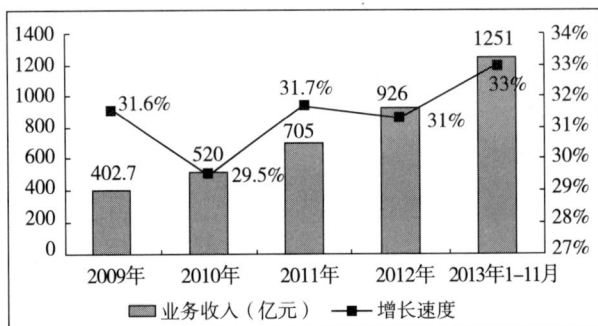

图14-5　2009—2013年11月大连市软件产业业务收入规模及增速

资料来源：赛迪智库，2013年12月。

2.发展特点

技术产品创新不断加速。大连市软件企业重视技术和产品创新，不断增加研发投入，开发具有自主知识产权的软件产品。例如，在工业软件领域，四达高技术公司的飞机数字化装配系统软件，美恒时代公司研发的矿山重型机械变频控制产品在国内同行业市场中占有65%的市场。在信息安全领域，大连市多家企业研发出自主可控的信息安全软件、网络运维、数据安全和防病毒软件产品，大连环宇移动科技有限公司的网络异常流量监控系统，对加强我国网络和信息安全建设具有重要意义，大连宇光虚拟网络技术股份有限公司利用终端虚拟技术，实现不同于操作系统的虚拟技术应用，达到可信、可控、可管理的虚拟操作，亿达信息技术公司的手机支付插件获得中国银联测试认证，国内处于领先地位。

行业软件影响不断扩大。依托东北地区应用需求，大连市行业应用软件得到快速发展，应用范围已经扩大到全国各地。现代高技术公司研发出的自动售票机、自动检票机、自动理票机、轨道交通自动售检票计算机软件系统、轨道交通信号控制系统和智能公交一卡通电子收费系统，成功应用到大连、沈阳、哈尔滨、成都、烟台、淄博、克拉玛依等国内近30座城市的交通系统，拥有专利45项，著作权29项。启明海通公司的智能公交运营管理系统和公交智能监控调度系统成功应用到大连、青岛、莱芜、马鞍山、新疆等近10城市的交通系统。贝斯特公司研发的领航系列产品、海岸电台通信与控制系统和电子海图系统等产品，尤其是领航产品占国内市场的一半。美恒时代公司研发的矿山重型机械变频控制产品在国内同行业市场中占有 65% 的市场，拥有 14 项软件著作权和 4 项专利。凯博科技公司研发的锅炉燃烧过程优化控制系统应用于内蒙古通辽、乌达，辽宁阜新、葫芦岛，山东潍坊、淄博，重庆等地电厂。

产业载体环境不断完善。大连市重视产业载体建设，建设多个产业园区促进软件产业集聚发展。例如以"官助民办"的园区发展模式建设的大连软件园，极大的激发了民间企业参与园区建设和发展的积极性，利于凝聚全社会资源促进软件产业集聚发展。目前，旅顺南路软件产业带已形成"一带多园"的格局，拥有大连软件园、七贤岭产业基地、腾飞软件园、天地软件园、东软软件园等多个软件园区，聚集了全市 80% 的企业，形成了西岗区、中山区、沙河口区等辖区的多个企业集群，推动了产业的集聚化、规模化、特色化发展。此外，大连设计城、海事大学科技园、亿达信息谷、船舶设计港等产业集聚区正在顺利建设，将为大连新增若干个软件与服务业千亿产业集群。

（二）沈阳

老工业基地沈阳在大力发展装备制造业、推进工业转型升级的同时，近年来在两化融合的带动下，软件产业得到飞速发展。

工业软件优势突出。沈阳是中国东北最大工业城市，以沈阳为中心，连接鞍山、抚顺、本溪、营口、辽阳等 8 城市的经济区，是世界级的装备制造业之一，具有明显的产业市场优势。依托良好的区域优势和产业环境，IBM、惠普等多家世界 500 强企业和天云科技、神州数码等 30 余个国际知名品牌落户沈阳，提高了产业核心竞争力，打造了一批在国内外市场有竞争力的品牌。

嵌入式软件与传统行业融合程度日益加深。依托自身雄厚的装备制造业基础，沈阳市着力发展嵌入式系统软件，走出了一条独具特色的装备智能化、企业信息化道路，原本停留在自给自足状态下的沈阳软件业，与工业控制、航空航天、医疗系统、能源系统、交通系统、金融系统等行业的融合日益加深。

园区集聚效应明显。沈阳国际软件园是目前国内最大的工业类软件企业聚集区。软件园通过提供基础设施、管理咨询、品牌推广、人才培养、投融资等方面的服务，为入园企业提供全方位支撑。国际软件园总营业收入逾百亿元，占沈阳市软件产业总收入的 20% 以上。国际软件园除了搭建政策、法律、投融资、知识产权保护等方面的服务平台之外，也建立起工业软件公共平台、软件人才联盟、两化融合企业联盟、物联网产业联盟，这些产业联盟的搭建为沈阳发展软件产业，无论是工业软件领域，还是物联网、云计算相关领域，整合有利于企业发展的相应资源，都起到重要推动作用。

第十五章　中西部地区软件产业发展状况

一、整体发展情况

中西部地区包括河南、内蒙古、陕西、山西、湖南、湖北、江西、四川、重庆、云南、贵州、广西、宁夏、甘肃、青海、西藏、新疆在内的 17 个省市，是目前我国覆盖面积最大，包含省市最多的区域。中西部地区的软件产业发展相对其他地区基础较为薄弱，在产业发展规模和层次上同东部地区的差异依然较大。但是，武汉、西安、重庆、成都等区域中心城市经济发展辐射性和带动力强，相对东部沿海地区普遍具有生产要素低成本优势，科技、人才、资金等资源较为密集，地域和文化优势明显，对软件产业发展要素的吸引能力逐渐增强，为软件产业的快速发展提供了有力的支撑。

（一）产业收入

2013 年，中西部地区软件产业快速发展势头有所减弱，截至 11 月底，实现软件业务收入 4159 亿元，同比增长 26.9%，比 2012 年低了 12.2 个百分点，占全国软件业务收入比重为 14.6%。其中中部地区实现软件业务收入 1186 亿元，同比增长 26.9%；西部地区仍然保持较高的增长速度，在全国占比稳步提升，实现软件业务收入 2973 亿元，同比增长 26.9%，在全国比重上升到 10.5%。

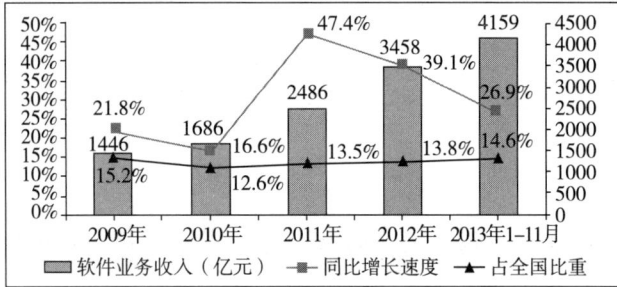

图15-1　2009—2013年11月中西部地区软件产业业务收入规模及增速

资料来源：工业和信息化部运行局，2013年12月。

（二）产业结构

2013年1—11月，中西部地区信息技术服务增势突出。增速在50%以上的细分领域有三个，嵌入式系统软件业务实现收入399.4亿元，同比增长76.8%，占比6.1%，为增速最高的细分领域；数据处理和运营服务业务收入为644.6亿元，同比增长70%，占收入总额的17.1%；信息技术咨询服务实现收入548亿元，同比增长50.8%，占比12.6%。软件产品依然是占比最大的细分领域，实现收入1318亿元，同比增长14.5%，占比35.1%。IC设计业务和信息系统集成服务增长较为平稳，分别实现收入103.3亿元和1074亿元，同比增长17.5%和35.2%，占比2.7%和26.4%。总体来看，软件产品业务和信息技术服务业务收入结构保持不变，软件产品（含嵌入式系统软件）业务收入占收入总额的42%，与2012年比重持平。

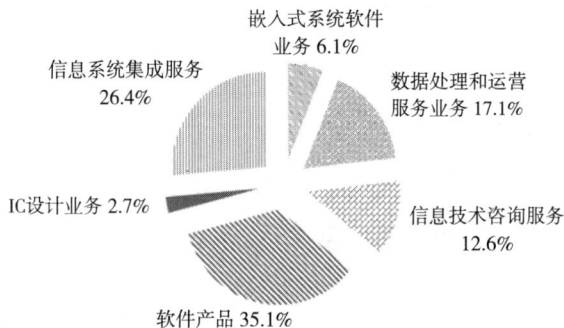

图15-2　2013年1—11月中西部地区软件产业结构

资料来源：工业和信息化部运行局，2013年12月。

（三）企业情况

截至 2013 年 11 月，中西部地区共有 10 家企业入选 2013 年度软件业务收入前百家企业，占前百家企业软件业务收入总额的 7.6%。拥有 16 家 2011—2012 年度规划布局内重点软件企业。中西部地区也是全国计算机信息系统集成资质企业数量较多的地区之一。共有 938 家企业获得计算机信息系统集成资质，占全国总数的 27.5%。其中，一级资质企业 37 家，二级资质企业 148 家，三级资质企业 753 家。

表 15-1　2013 年 11 月中西部地区计算机信息系统集成资质企业分布情况

省市	一级	二级	三级	四级	合计
河南	2	11	77	34	124
湖北	4	23	109	16	152
湖南	3	14	78	60	155
山西	5	11	42	19	77
江西	4	4	36	11	55
内蒙古	3	5	22	24	54
陕西	1	16	78	10	105
宁夏	0	1	9	8	18
甘肃	2	2	37	8	49
四川	5	28	124	67	224
重庆	5	11	66	12	94
贵州	0	2	23	8	33
广西	0	3	24	3	30
云南	3	7	29	44	83
西藏	0	0	0	2	2
青海	0	0	1	4	5
新疆	0	2	6	6	14
合计	37	140	761	336	1384

资料来源：赛迪智库，2013 年 12 月。

二、产业发展特点

（一）中心城市带动作用明显

中心城市带动软件产业发展的特点在中西部地区表现尤为明显，成都、西安、重庆三个城市软件业务收入占中西部地区的80%。截至2013年11月，成都市软件和信息技术服务业实现主营业务收入2640亿元，同比增长32%。其中，软件业务收入1320亿元，同比增长24%，占中西部地区软件业务收入的31.7%，产业规模居15个副省级城市第四位，中西部之首。在中心城市的带动下，中西部地区的软件产业持续快速增长，并在信息安全和数字新媒体等领域处于全国领先地位，涌现出一大批优秀企业。

（二）后发优势强劲，产业承接能力强

中西部地区极具发展软件产业的天然优势和后发优势，凭借丰富的人才资源、突出的创新能力和低成本的劳动力，中西部地区将成为我国软件产业的新增长极。目前，中西部地区凭借低成本的竞争优势，已经吸引了众多的跨国企业在该区成立分公司和建设研发中心，开展软件与服务外包业务。同时，中西部地区以成本优势打造自身竞争力，通过不断聚集创新要素、人才、资金等，充分借鉴国内外软件产业发展经验，为本地区软件产业持续自主创新夯实基础，不断提升竞争实力，逐步摆脱低端锁定，向产业链的重要角色转变。中西部地区从满足低端市场到参与国际软件产业大分工的发展历程，积极融入到全球化的竞争大潮中。

（三）服务外包竞争力突出

中西部地区凭借资源丰富、人力要素成本低、市场潜力大的优势，在服务外包领域呈现出强大的竞争力。成都、重庆和西安均被评为软件产品出口基地和服务外包示范城市。其中，成都主动加强与国际接轨，不断提升承接能力，服务外包业务持续增长。2013年全年，实现收入160.8亿元，比2010年增长近10倍。服务外包从业人员22.8万人，各类服务外包企业600余家，聚集了IBM、埃森哲、维普罗、东软集团等数百家国内外知名企业，集群发展态势逐渐形成。基本形成了涵盖信息技术、研发外包、工业设计、市场营销、人力资源、财务会计等业务在内的服务外包产业体系。

三、主要行业发展情况

（一）信息安全

信息安全一直都是中西部地区软件产业发展的优势领域。西安拥有全国最大的信息安全产业园，建设总投资 150 亿元，预计到 2016 年，产业园将实现年产值过百亿元，引进和培育各类信息安全企业 300 家，信息安全产业及相关从业人员 12 万人。成都信息安全产业 2013 年实现收入 134 亿元，承担国家各级信息安全科研项目 200 余项。形成了一批以网络通信和信息安全科研为主的核心技术，在全国具有显著特色和优势。形成了以中电集团 30 所为龙头，华为数字、卫士通、迈普等为代表的骨干企业。湖北省信息安全产业规模也在逐年上升，主要产品涉及广泛，包括安全路由器、3A 身份认证及智能卡、安全计算机与密码、安全管理平台、入侵监控和防御系统、防病毒产品、VPN、网关和信息安全监理等。代表企业有烽火科技、天喻信息、华工安鼎、信安通、武汉达梦、三江航天和湖北信安等。

（二）信息系统集成

信息系统集成服务一直是中西部地区软件产业发展的重要细分行业。尤其在近些年，信息系统集成服务呈现快速攀升的趋势，其收入占比已超过软件产业收入的四分之一。截至 2013 年 11 月，成都信息系统集成服务实现收入 267.5 亿元，主要企业包括四川创立、四川久远银海、成都索贝数码。其中，四川创立已经成长为以 IT 技术为核心，以通信运营商及电力、轨道交通等政企客户为主要服务对象，以系统集成、软件研发、IT 服务、互联网增值为主要业务领域的解决方案提供商。截至 2013 年 11 月，湖北省信息系统集成服务收入 157.8 亿元，增长近100%，主要领域涉及轨道交通、电子政务、石油、智慧城市、教育等诸多方面，主要企业有领航动力、烽火集成、武钢自动化和兴得科技等。湖南省则在民生公共领域的信息系统服务成效显著，办事出行"一卡通"、居家生活"一键通"、学习工作"一网通"、在线服务"一点通"正在逐步实现，其中以"网络空间"建设为核心的教育信息化成为全国典范。长城信息的"银行一卡通自助服务解决方案"应用领域已覆盖 28 个省，涉及医院 208 个，平均日服务病人 20 万人次。

（三）新兴信息技术服务

中西部地区抓住物联网、智慧城市、云计算和新媒体等新兴领域发展契机，大力发展新兴信息技术服务业，逐步缩小与东部发达地区的差距。成都市已初步形成以 RFID 与定位跟踪、新型传感器、软件与系统集成、集成电路和专用芯片、信息安全为核心的物联网产业体系，高新区已聚集物联网企业 90 余家，如感知物联集团、中电科 29 所、华气厚普、安可信等。云计算引导企业投资建设大区级互联网数据中心、成都云计算中心、中国 IDC（成都）等重大工业项目 4 个。湖南省目前从事物联网研发、生产和服务的企业达两百家，涉及传感器、芯片设计、电子标签与读写器具、智能终端、应用软件、系统集成、运营服务等物联网产业链多个环节。轨道交通领域，南车时代整体实力国内领先，围绕物联网技术，开展智能传感器、高速智能列车信息化系统等方面的研发。智能电网领域，威胜集团占据智能电表国内 30% 以上的市场，并与西门子签订战略合作协议。

四、重点城市发展情况

成都和武汉市中西部软件产业发展的中心城市，凭借人力资源、智力资本和较快的经济发展速度，实现软件产业的快速成长，并带动中西部地区软件产业经历从无到有、从追赶到个别领域处于领先的过程。其中，成都在西部地区城市中排名第一，武汉在中部地区城市中排名第一。

（一）成都

1.总体情况

成都是我国软件产业的战略性和功能性部署区，拥有基础软件、应用软件、移动通信、软件服务外包和集成电路设计、终端制造、信息安全、数字媒体和动漫游戏等 12 个国家级产业基地，并成为全国第三个，中西部首个获得"中国软件名城"称号城市。截至 2013 年 11 月，成都软件和信息技术服务业实现收入 2640 亿元，同比增长 32%。其中，软件业务收入 1320 亿元，同比增长 24%，占西部地区软件业务收入的 31.7%，居中西部之首，在 15 个副省级城市中排名第 4。此外，产业结构优化升级，呈现出"服务化"趋势。信息系统集成、信息技术咨询服务、数据处理运营服务和 IC 设计分别实现收入 267 亿元、132 亿元、315 亿元和 47 亿元，占软件业务收入比例超过 57.7%。嵌入式系统软件呈现较为突出的增长态势，实现收入 45 亿元，同比增长达到 78.5%。

成都软件和信息技术服务业企业呈现出规模化、高端化发展特征，认证企业数量、从业人员持续增加。截至 2013 年 11 月，全市累计认证软件企业 1020 家，比 2012 年年底减少 83 家，累计登记软件产品 4709 个，新增 940 个，软件企业和软件产品分别占全省总数的 91.7% 和 97.5%，从业人员规模约 23 万人。

成都数字新媒体快速扩张，2013 年上半年，聚集了国内外企业 220 余家。其中，游戏动漫产业占全国市场比重达到 7.4%，是中国数字游戏产业的五大聚集区之一。2013 年，成都软件服务外包产业以超过 30% 的复合增长率快速增长，数百家国内外知名企业落户成都。此外，成都的信息安全产业规模仅次于北京，位列全国第二。

2. 发展特点

产业带动效应明显，社会管理能力、公共服务能力和政府政务服务水平不断提升。成都积极推进智慧城市建设，在交通管理、城市管理、环境保护、食品安全、安全监管等方面，加大软件和信息技术服务业的应用；在医疗卫生、人力资源和社会保障、教育等领域，开展信息资源共享和业务协同，积极推进成都市公民信息管理系统的建设，有力地推动了成都市服务型政府建设；目前，成都市政府部门办公自动化系统实现 100% 覆盖，建成全市统一的电子政务网络。

企业实力不断增强，领域特色发展突出。从企业实力看，全球软件 20 强企业已有 13 家在成都落户，华为、中兴、腾讯等国内知名企业也纷纷设立机构，本地也培育出龙头企业，两家进入全国软件百强企业。从软件产品看，2012 年，新增软件著作权超过 3000 件，获国家科学技术进步二等奖 1 项，省级科技进步奖 32 项，获中国软件产品 4 项。成都在信息安全、数字新媒体、软件服务外包、IC 设计、电子商务等领域具有较强的竞争优势。其中，2013 年 1—11 月 IC 设计实现收入 47.07 亿元，同比增长 21.2%，位居全国 15 个副省级城市首位；电子商务交易额超过 3500 亿元，约占全国的 4.4%，居西部城市首位。

（二）武汉

1.总体情况

武汉市的软件业务收入、企业数量、从业人员均占湖北省的 95% 以上。截至 2013 年 11 月，武汉市软件和信息技术服务业务收入 641.2 亿元，同比增长 35%，增速位居全国 15 个副省级城市第三位。软件产品收入 181 亿元，同比增长 36%；信息系统集成服务收入 157 亿元，同比增长 33%；信息技术咨询服务收入 93 亿元，同比增长 42.9%；数据处理和运营服务收入 91 亿元，同比增长 43.3%；嵌入式系统软件收入 118 亿元，同比增长 33.2%；IC 设计收入 1.2 亿元，同比增长 24%。累计认定 1350 家软件企业，软件从业人员达 13 万余人。

经过多年的培育和发展，武汉市业已形成以光通信嵌入式软件、工业软件、地球空间信息等产业领域为重点，以武汉邮电科学研究院、天喻信息等全国软件百家企业为龙头，以花山软件新城、光谷软件园、洪山国家新型工业化产业示范基地等园区为载体的软件产业发展格局。预计到 2015 年，武汉软件业务收入将达到 2000 亿元，软件产业将成武汉经济增长的新引擎。

2.发展特点

优势技术和产品保持良好发展态势，企业业务领域不断拓展。武汉市软件产品主要涉及遥感遥测、卫星定位、无线接入、汽车、信息安全、数字视听、石油、水利电力、数控机床、激光设备、教育及数字媒体等。企业业务领域包含地理信息、信息安全、数据库、计算机辅助设计制造、IC 卡操作系统、企业信息化、教育信息化软件、嵌入式软件等应用领域，并在国内占有较高的市场份额。

为获得中部地区首个"中国软件名城"，武汉市不断推出鼓励软件产业发展的优惠政策。2013 年 7 月，武汉市安排 2 亿元专项资金支持软件产业，对首次入选中国软件百强的软件企业，给予 50 万元奖励；对首次入选国家规划局的重点软件企业给予 30 万元奖励；对年营业收入首次过 5 亿元的软件企业给予 50 万元奖励；对成功上市的软件企业给予 200 万的奖励等。

园 区 篇

第十六章　中国（南京）软件谷

一、园区概况

2010年7月19日，经南京市政府批示，拟在南京市雨花区建设中国南京软件谷，并将软件谷的建设列入"十二五"及新兴产业发展规划，实现"雨花软件园"向"中国南京软件谷"的裂变。2011年8月，位于雨花台区的中国（南京）软件谷正式挂牌建设，范围涵盖雨花软件园、雨花经济开发区、铁心桥工业园等，规划面积约70平方公里。在空间布局上，中国（南京）软件谷要打造"三大功能板块"：

北园：即现软件大道两侧，着力提升通讯软件产业优势，打造国内第一的通讯软件产业基地，打造全国一流的软件产业公共服务平台。

南园：即铁心桥地区，主要发展基础软件、国际软件企业高端研发中心、超级云计算技术研发和应用服务，打造国内外重要的基础软件发展区、国际软件研发总部集聚区、国内顶级的超级云计算技术研发中心。

西园：即现在的雨花经济开发区，重点发展互联网服务、数字新媒体和文化创意产业。2011年10月，国家新闻出版总署正式授牌软件谷西园为"国家数字出版基地"，将打造成全国一流的数字服务产业基地和适合中小软件企业创业孵化、创新技术、创意发展的集聚区。

二、发展特点

作为南京建设"中国软件名城"的核心载体，中国（南京）软件谷近年来保持了年均 50% 以上的增速，已成为全市软件产业发展的"龙头"和引擎。2013年 1 月，软件谷实现软件收入 375 亿元，同比增长 30.2%，占全市收入的 38%。同期谷内共引进规模以上软件项目 57 个，新设著名跨国公司研发中心 1 个，引进 4 家中国软件百强企业。SAP、美国美满等国际知名企业相继入驻办公。中国（南京）软件谷已建成中国最大的通信软件产业研发基地，也是南京市 18 个"南京市新兴产业基地"之一。预计到 2015 年，谷内软件企业将达到 500 家以上，软件和信息服务业收入将突破 2000 亿元。

（一）园区品牌效应日益明显

在江苏省、南京市的合力支持下，中国（南京）软件谷对软件企业的吸引力日益凸显，越来越多的品牌企业、重大项目、大型会议落户。

近年来，中国（南京）软件谷已经成为全球软件巨头核心总部和主要创新基地。谷内已集聚中兴通讯、华为、IBM、SAP、趋势科技、美满科技、凯易讯、东软集团、软通动力、文思创新等 378 家国内外著名软件企业，集聚软件从业人员 8 万人，已建成软件产业建筑面积 330 万平方米。基本形成通信软件、软件外包和信息服务三大特色产业集群，云计算、物联网、移动互联网、数字新媒体等前沿产业快速发展。

项目方面，在近年举办的中国（南京）软件谷专场推介会上，稻盛弘等 4 个总投资 5.75 亿元的软件项目落户中国（南京）软件谷。分别是南京稻盛弘科技股份有限公司的稻盛弘软件项目、江苏润和软件有限公司的润和软件项目、安信（中国）科技有限公司的安信软件项目和华沃通讯（上海）有限公司的华沃通讯项目。

大型会议方面，中国（南京）软件谷承办了第十六届亚太软件研发团队管理峰会、"第十一届软件业务收入前百家企业发布会"，联合其他单位主办中小企业品牌推广高峰论坛、中国（南京）软件谷专场推介会等会议。

（二）公共服务水平不断提高

按照《以打造"一谷两园"软件产业集聚区为重点，高标准建设中国软件名城的意见》,中国(南京)软件谷一直坚持高标准建设,园区公共服务水平不断提高。

着力打造企业精品服务。一是建立政务服务中心。雨花台区暨中国（南京）软件谷政务服务中心已经在谷内揭牌，南京市雨花台区政府"12345"呼叫中心以及工商、国地税、质监、发改、住建、软件谷规划建设局等16个部门、115项行政许可和审批服务事项首批进驻服务中心。二是推动软件企业打造产业自主品牌。软件谷以谷为主体申报了产业集群品牌培育基地，同时申报自主品牌软件企业2家，省市著名商标7个。三是对接工商部门，建立软件企业品牌管理队伍，组织软件企业品牌建设相关负责同志共90余人次参加培训。四是软件谷与市、区工商部门合作设立软件谷工商服务站，一站式处理软件企业注册登记、品牌申报等一系列事项。五是帮助企业搭建融资平台。出台《软件谷科技创业基金管理办法》《软件谷科技创业种子（天使）基金管理暂行办法》;已累计开展动产抵押、股权质押24起，融资15.88亿元。

公共服务平台日益丰富。按照"国内领先、国际一流"标准，软件谷致力于打造人才服务、企业孵化、公共技术、交流合作、投资融资等"八大服务平台"。目前，已引进宁港科技园、IBM中国软件授权培训中心、中科院软件所创新中心、北京大学工学院南京研究院、南京大学软件学院软件谷分院、江苏赛联信息产业研究院、江苏虚拟软件园、江苏省软件产品质量监督检验中心、江苏省云计算中心、江苏省博士后创新实践基地、江苏省软件人才培训联盟、深港产学研基地、软件谷知识产权"一站式服务中心"等30多个高层次公共服务和技术平台，可以为谷内软件企业提供开发平台支撑、知识产权保护、产品检测认证、人才交流合作等全方位的服务。其中，宁港科技园是宁港两地合作共建的首个科技园区，标志着中国（南京）软件谷在推进国际化进程方面迈出了重要一步。园区建成后，宁港双方将共同加强园区运营，发展与现代服务业相关的专业数字传媒、互联网、智能交通、物联网、服务外包项目；开展商务、技术、人员等对接交流，合作设立软件产业领域联合研究中心、技术创新中心。

生活配套设施进一步完善。为填补区域内的商业空白，中国（南京）软件谷规划大型产业综合体项目建设，集餐饮、娱乐、休闲、星级酒店以及高端办公为一体，打造软件谷区域内的商务商业中心。

（三）以多层级产业政策推动特色发展

中国（南京）软件谷的建设和发展离不开江苏省、南京市的大力支持，政策体系包括江苏省、南京市的相关政策及中国（南京）软件谷的自有政策。

从省级政策来看，省级层面，部、省、市召开多次会商会，共同支持中国（南京）软件谷建设。省政府为中国（南京）软件谷建设出台了专门的扶持政策，包括："十二五"期间，省软件专项资金每年补助软件谷 2000 万元，支持软件谷公共服务平台建设。还包括规划布局向软件谷倾斜、支持软件谷基础设施建设、支持软件谷建设用地等政策措施。

从市级政策层面来看，依据《关于以打造"一谷两园"软件产业集聚区为重点高标准建设中国软件名城的意见》，中国（南京）软件谷享有以下优惠政策：

中国（南京）软件谷享有独立的规划、建设、土地等审批权限，除总体规划、控制性详细规划的修订和调整需向市报批外，规划、建设、土地等其它审批权限均委托给中国（南京）软件谷管委会。

设立独立金库，对土地、财政收入等实施封闭运作。中国（南京）范围内的土地出让金，在按规定扣除国家、省规定的计提后，经营性用地市级刚性计提部分减半计提，其余资金返还，作为软件谷开发公司的国有资本。对软件谷建设的规费，除规定不能减免的部分外，作为市国有投资股份入股软件谷开发公司，五年不参与股份分配。"十二五"期间，企业缴纳的增值税、营业税、企业所得税和个人所得税新增地方留成部分全额补助给中国（南京）软件谷管委会。

市政策资金予以倾斜。争取软件谷成为国家高新区、国家软件和信息服务业示范基地。每年根据中国（南京）软件谷软件产业收入占全市软件产业总收入的比重，从市软件产业专项资金中安排同比例经费，定向支持软件谷专业孵化器、公共服务平台建设、创新项目、人才引进、企业融资等。

培育一批"双自"软件企业。对入驻的"双自"软件企业，在获得市软件专项资金奖励补助时，在原政策基础上再增加 20% 的支持额度，并优先推荐申报国家和省重点项目。

支持公共服务平台建设。市公共平台建设专项资金优先支持软件谷新建公共技术平台、投融资平台、信息交流平台、中介服务平台和政府服务平台。市本级科技创业投资引导基金，对软件谷内的软件创业投资企业，按其实际投资额 30% 以下的比例跟进。

从园区内部政策来看，中国（南京）软件谷专门出台了《关于进一步加快软件及信息服务业发展的政策意见》《支持高层次科技人才创业的若干政策规定》等一系列扶持政策，包括：从 2012 年起，财政每年安排不低于 1 亿元的软件产业专项资金，并在此基础上逐年递增；对入选"雨菁高层次人才计划"的人才，分重点项目、优先项目、扶持项目三个层次，分别给予 300 万元、200 万元、50 万元的扶持资金；还包括以下主要政策：

一是对新入驻软件企业给予一定的房屋租金补贴，对企业上电上水、内部装潢等基础设施建设给予扶持和部分贷款贴息。二是国内外大型软件企业在区内设立总部（或区域总部）、研发中心、数据中心等投资总额超过 3000 万元的，按照实际到位投资额的比例给予企业团队资金奖励。三是对年度软件业务收入、税收首次达到一定规模的企业，对税收前 10 名的企业，给予企业经营团队资金奖励。四是区重点软件企业骨干人员子女需在本区入学的，优先安排入学；对参加医疗保险的可享受区大病救助政策。五是软件企业研发人员、管理人员年收入在 12 万元以上的从其交纳的上一年度个调税区所得部分中，给予 30% 的交通房租补贴。

第十七章　福建福州软件园

一、园区概况

自 1999 年建园以来,经过十余年发展,福州软件园遵循"可持续发展、生态型、山水园林式科技园区"的理念进行规划建设，目前园区规划面积已经达到 3.3 平方公里,是福建省迄今为止最大的软件产业园区。

2011–2012 年,福州软件园正在加快建设海峡软件新城,已完成投资 7.4 亿元,建筑面积约 66 万平方米。至 2012 年,福州软件园累计实现技工贸总收入 500 亿元,企业从最初的 20 多家,发展到 436 家的规模,园区从业人员 2.6 万余名。近年来,园区连续获得"国家火炬计划软件产业基地"、"中国软件和服务外包杰出园区"、"国家高新技术创业服务中心"、"国家现代服务业产业化基地"、"国家新型工业化产业示范基地"等称号,已成为海峡西岸经济区软件企业最重要的集聚地。

福州软件园形成了七大产业集群：以福富、福诺、福昕软件为骨干的软件服务外包产业集群；以星网锐捷、新大陆、实达为骨干的云计算产业集群；以网龙、神画时代、五彩动温、天狼星为骨干的动漫游戏、文化创意产业集群；以榕基、福大自动化、新大陆为骨干的重点行业信息化集群；以星网锐捷、国脉科技、三元达为骨干的嵌入式软件产业集群；以福建 ICC、瑞芯微电子、福顺半导体、贝莱特、高奇晶圆为骨干的集成电路设计产业集群；以中金在线、天晴数码为骨干的网络信息服务业产业集群；以新大陆、联迪、欣创摩尔为骨干的物联网产业集群。

二、发展特点

（一）骨干企业自主创新能力不断增强

福州软件园目前已成为海西软件企业重要的聚集地。园区入驻的 436 家企业中，上市企业 4 家（福晶科技、三元达、榕基软件、富春通信），另有 6 家上市公司在园区设分支机构。企业总收入超 1 亿元的有 26 家，5 亿元以上的 4 家，另有两千万元级的企业 40 家。近年来有多家园内企业入选中国软件业务收入百强企业和国家规划布局内重点软件企业。2013 年福州软件园海峡软件新城建设快速推进，五期产业园 7 栋高层研发楼主体封顶，总部研发楼 A 楼竣工验收，动漫产业基地二期投入使用，引进神画时代、易联众、航天科技等 110 多家企业，园区获评"海峡国家数字出版产业基地"，全年实现技工贸总收入 300 亿元，增长 20%。

在园区引导下，入驻企业不断提升自主创新能力，成效显著。福昕软件电子文档 PDF 系列产品市场占有率在全球排名第二；福富软件、榕基软件分别在电信 IT 网管和服务管理系统领域、质检行业电子申报领域排名第一，福建国通、亿榕的应用软件在全国细分软件市场占有率第一。近年来，入驻企业已开发出400 余项技术含量高、市场占有率高、拥有自主知识产权的软件产品，累计承担国家 863、973 计划和中国专利金奖等重大研发项目 29 项，国家级火炬计划项目15 项，承担省级科技和产业化项目 65 项。产品门类有政企信息化、证券交易系统、遥感技术、信用卡网络系统、电力自动化系统、信息安全系统、彩色图像传播系统、无线射频识别技术、动漫技术等等，涵盖了通信、金融、证券、电力、物流、教育、交通、卫生等行业。

（二）依托地域优势加快海峡两岸产业积聚

随着《国务院关于支持福建省加快建设海峡西岸经济区的若干意见》、《海峡西岸经济区发展规划》的深入实施，福州软件园与台湾的人才与产业交流日益活跃，两岸产业合作不断结出硕果。

福州软件园积极引入台湾新竹科技园等机构入驻园内的海峡软件新城，与此同时创新人才机制，引进并聘任台湾籍管委会副主任，负责园区对台交流对接事务。目前，福州软件园与台湾新竹经贸及科技产业交流协会签订了合作意向书，将海峡软件新城研发楼委托台湾新竹经贸及科技产业交流协会协助在台招商选商，加速台湾信息产业在园区内集聚；通过打造"闽台信息产业链"，提升福建信息产业的综合实力与影响力。目前，已经有台湾的博连软件、欣汉等近10家台湾企业落户园区。作为福州软件园的延伸扩展，海峡软件新城将重点发展软件研发及系统集成、集成电路设计、创意设计、服务外包、网络及电子信息产品研发等IT科研产业，包括台湾英孚等台企在内20多家企业与园区达成入驻意向。

以动漫行业为例，福州软件园抓住台湾动漫产业西移的契机，依托省内传媒和动漫游戏衍生产品的优势，通过多种渠道，引进台湾知名动漫企业和成长性项目，打造"海西动漫谷"。例如，福州软件园动漫龙头企业——福建神画时代与台湾企业共同投资1.45亿新台币合拍电影《小星星的愿望》，影片人物的形象制作正在福州展开。此外，福建神画时代还引进了以台湾创意界知名人士石子良为代表的台湾团队落户福州软件园。目前，福州软件园内的福州动漫游戏产业基地原创动画和游戏产量、质量不断提升，带动福州在中国动漫产业前十强城市中占有一席之地。

（三）不断健全园区服务体系

近几年，福州软件园全面完善服务体系：从产业政策服务体系、公共事务服务体系、技术进步服务体系、软件人才服务体系和园区文化服务体系等出发，构建了涵盖资源租赁、产品评测、人才实训、外包服务、政策咨询、项目咨询等全产业链服务体系。这些服务为企业高效发展提供了有力保障，为吸纳各类人才创造了良好的条件与便利。

在技术进步服务体系方面，福州软件园"软硬兼施"先后建成公共技术服务平台、集成电路公共服务平台、动漫公共服务平台等三大技术服务平台。"数字福建"的技术支撑单位福建省空间信息工程研究中心，两年来共主持各类研发项目超过90项。国家863软件专业孵化器（福州）基地运营6年来，已毕业企业过百家，在孵企业70余家。中央新增投资项目"福州软件和信息服务业评价中心"经过3年建设，已全部建成，主要为企业提供软件专业检测、信息服务与数字娱乐产品检测、集成电路设计检测与应用等三大专业评价服务平台。

在软件人才服务体系方面，福州软件园已形成多层次、立体化的人才服务体系，"福州软件园人才服务示范区"已揭牌：福州市研究生培训服务工作总站与国内 11 所高校合作，累计办班 31 个，进站学员达 1200 余名，基本建立起本地软件及工程等专业的高端人才库；园区与微软、思科、中科院软件所等机构常年合作，培养软件实用人才；引进奥博洋、北方教育等专业培训机构，针对企业需求开展短期适用人才培训；建设博士后工作站。经过与市公交部门协调，还专门开通了软件园 C 区往金山住宅区的 158 路公交专线车，为园区人才出行提供了交通便利。

第十八章　山东齐鲁软件园

一、园区概况

山东省齐鲁软件园成立于 1995 年 11 月，地处济南市高新技术产业开发区，是以软件产业为核心，集服务外包、动漫游戏、通信、半导体和系统集成等多个产业门类的综合性 ICT 专业园区。自建园以来，齐鲁软件园始终坚持"营造环境、拉动产业、促进发展、共同提高"的发展思路，紧紧围绕产业拉动、园区规划建设、企业服务三大任务，通过为企业打造"人才保障、技术支撑、企业协作、融资服务、知识产权保护、技术创新"等服务平台，着力突出人才集聚、技术支撑、产业国际化和集成联盟等重点工作。

目前，齐鲁软件园已成为山东省乃至华东地区最重要的软件产业基地，包括微软、IBM、英特尔、松下、NEC、日立等世界 500 强企业均在园内设立了分支机构及开放实验室；中兴通讯、华为通信等国内计算机、通信和软件龙头企业已经入驻。园内拥有目前国内最大的服务器研发基地、中间件研发基地、商用加解密研究基地等重要设施，形成了以软件开发、网络通信、外包服务、动漫、IT 培训和数据服务等为核心的优势领域。

二、发展特点

（一）服务外包和金融服务发展迅速

2013 年，齐鲁软件园企业数达到 1350 家，技工贸收入实现 962 亿元，软件与信息服务业收入 715 亿元。园区发展呈现诸多亮点：服务外包离岸合同执行额再创新高，传统产业实力稳步增强；服务外包、金融服务、卫星产业应用、物联网和电子商务等产业集群渐成规模。2014 年，园区将以创新作为工作的灵魂，提升产业结构，优化招商的方式方法，创新服务与管理模式，全力加快创新型园区建设。

服务外包领域，园区企业中在商务部服务外包网上登记的已超过百余家，服务对象涉及日本、美国、中国香港、中国台湾等国家和地区，国内三大外包公司都在园区设立分支机构，成为当前中国重要的服务外包基地。在推动服务外包业务开展过程中，企业知识产权保护备受关注。齐鲁软件园创新性地推出了完备的知识产权保护平台园区，建立了企业维护知识产权同盟及其完善的机制。2013年上半年，齐鲁软件园完成服务外包离岸执行额 2.45 亿美元，同比增长 40%，继续保持强势增长势头。其中，ITO（信息技术外包）类业务占软件出口的 81%、BPO（技术性业务流程外包）类占 10%、KPO（技术性知识流程外包）类占 9%，整体呈现出外包业务多元化、技术含量高端化的发展趋势。

金融服务领域，齐鲁软件园通过联合银行、投资机构、政府相关机构为企业提供多层次的资金服务产品，现已形成了银行贷款、风险投资、政府支持资金多头并进的融资服务体系和保障平台。此外，园区还通过大力承担国家科技计划、电子发展基金计划、软件专项、国家发展和改革委员会专项、国家引智基金等科研、产业重大项目，进一步提升入驻企业的技术创新能力。

（二）载体建设快速完善

齐鲁软件园秉承"人文、自然、科技"的设计思想，园内已建成孵化区超23 万平方米；产业小区超 32 万平方米；企业研发基地超 27 万平方米；电子产品生产基地超 40 万平方米；人才培养基地超 15 万平方米；配套设施（含住宅）超 80 万平方米。其中标志性建筑创业广场建筑面积达 15.6 万平方米。大楼内部围合了占地 120 亩的景观公园，与环外三山休闲文化带融为一体，极大的丰富了入驻软件科研开发人员的视觉感受。为企业创造了优裕、舒适的现代办公空间和发展空间。2013 年，创新园奥盛大厦竣工交付使用、鑫盛大厦（A6 地块）建设快速推进，再添园区发展两大新引擎。济南－德累斯顿互设产业合作办公室，开启面向欧洲招商全新模式。新区规划全面启动,国家信息通信国际创新园（CIIIC）

东部产业新区蓝图初现。

（三）公共服务体系建设成效明显

　　齐鲁软件园作为特色产业园区，在经济转型升级的浪潮中，始终坚持"营造环境，拉动产业"的发展理念，积极推进服务体系建设，通过构建技术支撑、人才积聚、企业协作、企业创新、融资保障、知识产权六大服务平台，在技术、人才、政策、法制、融资、知识产权保护等领域为企业提供全方位支撑，为企业的跨越发展配置强力"引擎"。

　　技术支撑平台。针对企业开发应用系统在环境搭建、技术跟踪、质量等方面遇到的困难，软件园瞄准企业技术需求，陆续投入 12 亿元资金建立了目前国内规模较大的技术支撑平台。为园区入驻企业提供完全免费的软件开发、测试、过程管理和质量控制等技术支撑环境。现已完成软件与信息服务、集成电路设计、数字媒体技术、通信测试、量子通信研发、卫星通信研发、千万亿次超级计算机、物联网嵌入式系统研发八大技术支撑平台的建设。园区还与山东省软件测评中心和山东省电子信息产品监督检查院两大科研机构达成合作协议，为企业发展提供技术服务上的便利。园区不断完善升级的技术平台，在增强企业创新能力、提升产业竞争力过程中扮演了重要角色。

　　人才培育平台。人才是企业发展的内在驱动力。齐鲁软件园根据园区产业特色，着力在人才培养上下功夫，开创了校、企、园"三位一体"的育才模式。与38 所高校实施"校企人才对接工程"，将企业的需求与高校人才培养结合起来，培育理论与技术兼具的高素质复合型人才。建成了 19000 余平方米的公共培训基地，面向对日外包、通信、动漫等发展较快的产业需求进行有计划的人才培训。软件园还利用"国家软件人才国际培训基地"、"中日 IT 桥梁工程师交流示范基地"等平台，积极引进海外高层次人才，极大地满足了企业对软件开发中高端人才的需求。为拓宽人才引进渠道，与多家人力资源中介机构建立交流合作关系，为园区企业输送了 90% 以上的中高端人才，为企业的发展壮大提供强大的智力支持。

　　企业协作平台。齐鲁软件园创新思维，独辟蹊径，以企业联盟形式搭建的企业协作平台，实现了行业互补，技术与产品互补，资源与人才共享，形成了浓厚的集群创新氛围。在产业组织上，以市场和技术协同为导向，成立了电力软件企业联盟、交通运输软件企业联盟、通信企业联盟、国际合作联盟等五大产业联盟，成为园区最具活力和创新性的组织形式。产业联盟的成立，整合了行业技术和市场资源，改变了企业生存单兵作战的成长模式。通过搭建新型行业组织"虚拟航母"，企业间的关系由竞争走向合作，让中小企业"抱团"闯市场，不仅提升了行业企业的抗风险能力，而且拉动了产业链条，使整个行业快速、平稳发展。

投融资服务平台。为解决园区企业特别是中小型科技企业融资难的问题，软件园为企业提供了多种多样的融资手段。通过融资平台设立产业发展资金、担保资金，采取银企对接方式，帮助企业累计获得财政资金、各类科技和产业扶持计划、风险投资逾 10 亿元。

创新协作平台。山东信息通信技术研究院作为齐鲁软件园自主创新能力高速发展的助推器，建有软件、信息、通信、集成电路和计算机及配套设备五大重点领域技术研究中心，以及集成电路设计、数字媒体技术、通信测试、量子通信研发、卫星通信研发、千万亿次超级计算机、物联网嵌入式系统研发等七大技术支撑平台。研究院瞄准国际国内技术领域前沿，吸引创新团队入驻，填补了济南信息产业链条的薄弱环节，降低了企业进入市场的门槛。目前，研究院担负着信息通信技术的前沿研究、技术创新与集成研究、技术引进与消化吸收再创新研究、科技成果转化的重要任务。

知识产权平台。知识产权保护是海外对华投资与中外企业合作过程中的关键问题，也是影响国内企业 R&D 投入的重要因素。在知识产权全球化的进程中，由于企业自身科技水平低，知识产权意识不强，国内企业遭遇侵权案件的事例比比皆是，频频给企业发展带来困扰。为应对知识产权全球化带来的这些挑战，创新园成立了园区企业维护知识产权同盟，设立 300 万元的赔偿基金，建立知识产权侵权先行赔付机制。同时，加大对知识产权侵权行为的打击力度，在全国首开先河采取先刑事后民事的做法，形成政府组织、部门配合、企业共同参与打击侵犯知识产权的强大声势，全面提高了园内企业知识产权保护意识。

第十九章　山东青岛软件园

一、园区概况

　　青岛软件园由两大园区组成，一是青岛软件园高新园区，为青岛软件园的产业积聚区，位于青岛市东部新区高科技工业园内，主要由青岛软件科技工业园、汉河软件大厦及在建的浪潮园、中创园等组成，其中已具规模的青岛软件科技工业园是 1998 年经市政府批准设立的；二是青岛软件园市南园区，为青岛软件园的研发孵化区，主要由软件大厦、科技大厦、信息大厦等组成。

　　青岛软件园背靠浮山生态山林，直面黄海之滨的奥帆赛场。软件园一期占地面积 12.6 万平方米，规划总建筑面积 26 万平方米；二期占地 10 万平方米，规划总建筑面积 12 万平方米；是全国少有的坐落在城市中心区的软件产业基地。青岛软件园鳌山园区是青岛市 IT 服务外包基地，规划占地面积 10 平方公里。

　　青岛软件园是市重点建设项目，被认定为"国家火炬计划软件产业基地"、"国家欧美软件出口示范基地"、"青岛市留学人员创业基地"，先后被评为"全国先进科技产业园"、"国家火炬计划软件产业基地先进单位"、"全国科技产业园先进单位"等荣誉称号。2007 年科技部火炬中心对全国 34 家火炬计划软件产业基地综合评比中，青岛软件园排第九位，综合环境排第一位。

　　园区通过为企业提供完善的配套服务，吸引了微软、IBM、美国优创、加拿大赛得、澳大利亚 Gruden、瑞典拓讯、日本软脑、日本 trial、用友和浪潮等总计 145 家国内外知名软件企业先后落户园区，其中包括美国、日本、韩国、瑞典等国家的外资软件企业 28 家，园区已集聚软件研发人员 5000 余人。在园区的大力扶持下，本土企业也迅速成长，园区内通过 CMM2 认证的软件企业 8 家，通过

CMM3 认证的软件企业 6 家，通过 ISO9000 质量认证的企业达 30 家，企业纷纷开展针对欧美的软件研发及 IT 服务外包业务。

二、发展特点

（一）结合区位优势，紧抓重点领域发展

嵌入式软件和应用软件的开发和测试外包业务。充分发挥青岛市在信息家电、通信设备和智能控制设备等产品方面的优势，着力承接相关产品嵌入式软件和集成电路的开发、设计和测试外包业务；充分依托青岛市在智能交通、商业零售、橡胶、财税、物流等行业优势，大力承接中间件、系统软件、应用软件的开发和测试外包业务。

动漫影视外包业务。紧密结合青岛市在动漫和影视产业方面的优势，积极承接国外网络游戏、数字动漫、影视传媒等产品的设计、加工、汉化、制作等方面的外包业务。

国际数据备份中心。充分发挥青岛市地质条件稳定的优势，吸引日本、欧美等有关企业和机构在院内设立数据备份库，建成重要的国际数据备份中心。

金融、保险、财会等数据处理外包业务。充分发挥青岛市金融保险业相对发达、从业人员较多、人力成本较低等方面的优势，积极承接国外银行类、保险类、基金类、投资类、经纪类等金融保险业和大公司的财务管理、账户管理、客户服务、信息录入等数据处理方面的外包业务。

物流外包业务。充分发挥青岛市陆海空联运、港口和仓储发达、物流服务齐全、国际大物流公司较多等方面的优势，整合各方面资源，着力搭建第三方物流平台，积极承接以信息平台为主的国内外客户的订单管理、物流信息系统维护、资源整合等方面的物流外包业务。

研发设计服务外包业务。充分发挥青岛市在电子家电、汽车、造船、通信、医药、橡胶化工、海洋科技等产业方面的科技优势，积极承接国内外相关产品的研发、设计、测试、解决方案等方面的外包业务。

医疗服务外包业务。充分发挥医疗机构齐全、医疗从业人员较多、医疗技术较全面、成本较低等方面的比较优势，结合青岛市医药产业的发展，积极承接国外医疗机构在临床测试、技术咨询、医学检查资料整理等方面的外包业务。

人力资源管理外包业务。积极承接国内外公司在职员管理、培训、派遣等方面的外包业务。

客户服务呼叫中心。充分发挥青岛市韩国语和英语等语种语音人才和企业较多的优势，吸引更多的韩国大企业和欧美大企业在园内设立客户服务呼叫中心。

（二）强化园区载体建设

青岛软件园一期建筑面积 26 万平方米，已有 20 万平方米研发楼投入使用，吸引了包括微软、NEC、新立迅、高信、优创、软脑、创迹、NHN、用友、金蝶、浪潮在内的 200 余家国内外知名企业机构入住。青岛软件园二期暨青岛国际动漫游戏产业园建筑面积 11.5 万平方米，目前已全部投入使用，入园动漫游戏企业逾 30 家。园区内网络通讯系统畅通，实现万兆进园区、千兆进楼宇、百兆到桌面；园区建有 3.5 万伏变电站，保证为企业提供 24 小时不间断供电服务；研发楼内夏季为单制冷 VRV 商用空调系统，冬季采用地暖市政供热，为研发人员创造舒适的工作环境。软件园内还配备国际会议中心、教育培训中心等配套服务设施。以人为本的研发办公环境，随处可见的园林景观，使研发人员能够在此享受到工作的乐趣。

（三）不断完善产业生态服务链

青岛软件园不断完善技术、人才、资金服务平台，打造软件产业生态服务链，为园区企业发展提供动力。

技术服务平台。软件园技术服务平台建设力度不断加大，在已建成的"三库四平台"基础上，开通了园区互联网数据中心；引进了网通模块局；投资 3000 万建成了全省首个集成电路设计平台；投资 2500 万建成了数字动漫支撑平台。这些技术服务平台为企业提供了有力的技术支撑。

人才支撑平台。青岛软件园建有学历人才实训中心（运营品牌"QST青软实训"）创建于公元 2006 年，是以软件人才实训为核心业务、以人力资源增值服务为特点的专业化实训及人力资源中介机构，提供订单式人才培育、企业内训服务、中高级项目管理人才培养、人力资源经理俱乐部、人才储备等人力资源服务，每年为企业培养优秀毕业生 500 人以上；园区还建有 IBM 外包人才实训基地和阿尔卑斯外包人才实训基地，每年培养外包优秀人才 2,000 人以上；青岛软件园还与北京大学、同济大学等多所知名院校合作，展开软件工程硕士培养。

投融资平台。软件园不断加大对园区企业的资金扶持力度，通过无偿资助、周转金、贴息等形式扶持软件企业发展。软件园成立了软件园投资担保公司，搭建了园区融资担保平台，加大对软件产业的扶持力度，解决中小软件企业发展中遇到的融资难问题，为软件企业筹资拓宽了渠道。

第二十章 广东广州天河软件园

一、园区概况

广州天河软件园于 1999 年在天河科技园的基础上设立。园区集国家高新技术产业开发区、国家软件产业基地（CSIB）、国家火炬计划软件产业基地、国家网游动漫产业基地、国家软件出口创新基地以及中国软件出口欧美工程（COSEP）试点基地和中国服务外包基地城市广州示范区于一身，规划总面积 12.4 平方公里，是华南地区软件企业最密集的国家软件产业基地。

天河软件园以打造科技创新核心区、高端现代服务业的集聚区、总部结算与展示中心区和生态软件社区为发展目标。把握产业和技术的发展趋势，坚持产业集聚与技术创新并重，结合园区产业优势，形成了通信信息服务、文化内容创意、服务外包、电子商务、金融创新服务等优势产业集群。加强重点领域龙头企业的培育和引进，支持优势企业进行兼并重组，吸引行业领军企业入驻园区。支持以龙头企业为核心建立行业协会、产业联盟等中介机构，加强企业之间在技术研发、投融资、市场和人才等方面的协作，发挥龙头企业的带动作用，增强中小企业专业配套能力，促进产业链上下游协调发展。

二、发展特点

（一）园区收入持续增长，整体经济效益不断提高

近年来，天河软件园紧密围绕市、区两级政府关于全面建设天河智慧城"产

业新区、宜居新城"的目标，深入践行新型城市化发展理念，全力推进区域"三个重大突破"工作进程，力促天河智慧城开发建设取得阶段性成果。全面梳理形成《天河智慧城近期重点推进项目汇总表》，建立重点工作项目信息化管理平台，进一步明确了智慧城各项工作的责任分工、时间节点，力促项目执行落地，有效通过该平台实现项目信息的及时共享、实时督办，促进全体成员单位统一思想、紧抓落实、通力协作，共同推动天河智慧城建设工作全面破局。

2013年，天河科技园实现总收入1249亿元，增长18%;软件园实现软件业务收入907亿元，增长26%。园区中集聚了中移动南方基地、网易、佳都集团等企业约1670家，国家规划布局内重点软件企业9家，软件动漫企业、软件产品和软件收入均占全市60%以上。广交会电子商务平台、UC移动互联网全球产业基地等一大批引领产业发展方向的大企业、大项目落户园区。园区积极发展对日、欧软件出口企业的较高层次的设计外包和服务外包，强化穗港澳外包服务合作机制，加快服务外包产业高端化进程。大力推动客户软件定制、软件编程与测试以及应用效果保障等服务外包业务，积极培育软件系统租赁、系统托管等软件系统应用外包，加快发展业务流程外包（BPO）、知识外包（KPO）以及面向国际金融机构的金融服务外包业务。大力扶持汇丰软件、爱立信等成长型企业，扶持西艾、华际友天等初具规模的外包企业，重点引进国内外知名外包服务企业，引导软件服务外包企业合理集聚，打造软件服务外包产业链，构建企业协同发展机制。

（二）积极对接各级发展规划，形成产业发展的强力支撑

天河软件园从产业发展全局着手，积极对接国家、省、市软件和信息服务业发展规划。围绕战略性新兴产业重点领域，组织实施产业重大专项建设，实施了一批产业整体水平有重大提升、对产业链完善有关键性作用的骨干项目，规划建设一批共性和关键技术的创新平台，充分发挥重大项目的示范带动效应，形成产业发展的强力支撑。着力推进中移动南方基地、网易智慧谷、立信软件社区、云计算产业园、电子商务智慧园（太平洋网络总部、广州互联网产业园）、孵化中心、国家大学科技园等重点项目的建设，带动园区战略性新兴产业快速发展。

以规划支持基础设施建设和重大产业项目落地。经过多轮修订完善，天河智慧城概念城市设计已经通过市规划委审议。与区规划分局协同完成智慧城63平方公里的土地利用现状调研及控规调整需求摸查。完成广州地理信息产业园城市设计方案编制，协调推动 220Kv 广新线、黄北线高压线迁改扩建工程，开展中国移动南方基地二期、永旺梦乐城、高新产业园等重大项目涉及地块的控规调整工作。联合市规划编研究中心、区规划分局等单位，按照市规划委审查意见和"三规合一"工作要求，抓紧研究下阶段的规划工作安排，着力推进天河智慧城概念城市设计深化和控规修编工作。

以环境建设凸显园区生态优势。实施项目全过程推进责任制，重点对天河智慧城十大重点工程实施全程跟踪，促进项目尽快开工。大力推进天河智慧城东部入口水系景观、智慧湖、智慧广场等一批市重点项目的建设前期工作，以更具魅力的环境吸引培育智慧产业。组织实施智慧水系规划建设策划和景观规划，完成智慧湖和东部水系修建性详细规划和景观方案编制，组织开展智慧花园概念性规划设计方案研究。通过梳理现状水系，努力实现"水清、岸绿、景美、游畅"目标，打造岭南水乡花城的城市生态景观骨架。

完善基础设施，打造核心区优势营商环境。核心区营商基础环境建设初具规模，截至 2013 年已完成孵化中心二期、东部孵化器、人才公寓一期等载体建设约 15 万平方米，启动东部孵化器二期的产业集聚载体建设，协助入驻企业完成约 30 万平方米的企业总部、研发中心封顶投产。完成核心区主要道路、景观绿化升级改造，实施华观路—科韵路交通节点疏解方案，组织启动核心区各节点项目的永久用水、用电工程，分步实施建成区区域无线网络覆盖。协调引入地铁 21 号线设立智慧城站点，与市交委共同组织实施天河智慧城"6+2"公交服务改善方案，实现了园区的建设发展与配套公共交通服务同步、协调发展。

充分对接发挥省内高校和科研院所的资源优势。通过鼓励科研院所和高等院校在产业基地设立研发中心，并引导基地企业与科研院所和高等院校在技术、项目和人才等方面的联合，促进企业与大学和科研院所之间的知识流动和技术转移，如广州邮电研究院、高科通信公司、华南理工大学信息集团联合设立的应用中间件研发中心等。联合华南理工大学共同建设国家大学科技园，为产学研提供交流合作平台。

（三）着力提升园区公共服务能力

天河软件园针对企业对天河智慧城的关键需求，致力提升园区服务能力，建立健全了一整套引商、富商、安商的服务制度，全面提升园区产业发展软环境。

着力加强招商引资规模、效益和深度。坚持把招商引资作为产业工作主线，采用以宣传促招商等多种方式，在招商引资的规模、效益和深度上取得了较大突破，目前共有永旺梦乐城综合购物中心、网易智慧谷、合景泰富城市综合体、广交会电子商务平台、南方大宗商品电子交易平台、广州立信智慧软件园等重大战略性产业和配套项目预备进驻。针对申请购地和租房企业制定《引进目标企业定量评估方法》，通过对项目进行评分确定进驻优先次序。与广州无线电集团、南方石化集团有限公司、广州佳都集团有限公司签订落户园区的投资框架协议，合计投资超过 17.5 亿元。

着力强化产业扶持力度。园区深入开展国内同类先进高新产业园区学习调研，结合园区发展实际情况，研究制定《园区促进优势产业发展的若干措施》并获区政府审议通过。建立重点企业联系制度，深入园区企业进行走访调研，全面了解企业经营情况，有针对性地帮助解决当前存在的具体困难和问题。根据入驻企业的项目进展情况，积极协调市、区职能部门，为园区企业协调解决工程建设、企业运营和工商税务等问题，全力推动重点产业项目落地投产。受理 35 家高新技术企业、3 家市重点软件企业、11 家规划布局重点软件企业申报资质认定。组织超百家企业申报各口径科技创新项目，共获得国家、省、市财政补贴约 7435 万元。

着力改善投融资环境。与国家开发银行广东省分行签署融资合作协议，获得总额 40 亿元的土地储备和整理贷款授信。积极争取和充分利用银行信贷资源，与兴业银行签订 4646 万元信托贷款协议，大力推进向市农商行申请 10 亿元免质押贷款。成功举办"第五届中国 CFO 年会"，中财宏程投资（北京）有限公司签署战略合作框架协议，举行了以中财投资、长江证券、中银粤财等公司为代表的"天河金融服务集群"与天河若干高科技企业组成的"天河高科产业集群"间的战略合作签约仪式，签约双方联合银行、券商、基金等多家金融单位组成"天河金融服务集群"，为园区内的高科技企业提供全方位金融服务，推动天河金融资本和科技资源融合发展。

着力打造综合性服务平台。启动综合服务云平台，拓展服务内容。启动广州天河软件园云服务平台规划和建设，完成云服务平台建设规划编制，其中《广州天河软件园（智慧城核心区）云服务综合平台建设方案》通过专家评审。上线测试运行人才公共服务系统、新版门户网系统、企业信息统计系统，利用信息化手段实现园区配套服务。为企业提供高清非编、动漫渲染、数据展示、远程服务等技术支持和服务累计时长达 8.8 万小时，帮助企业通过自主创新提升产业竞争力。拓宽人才引进和培养渠道，创建创新人才金字塔。注重人才的培养与引进，组织召开大型人才招聘会，做好园区企业骨干市内、市外人才引进工作，保障企业高端人才的需求量。组织园区企业人员参加各类职称考试，提升企业员工的综合能力和职业技能。筹建天河区现代信息人才协会。关注博士后高端人才，为多名博士后提供项目启动经费申请、生活补助申请、出站手续办理等优质服务。

第二十一章　广东深圳软件园

一、园区概况

深圳软件园是国家级软件基地，主园坐落在深圳高新区中区（深圳市南山区科技中二路），占地 27 万平方米。包含产业化区、孵化区、集成电路设计村、园区服务管理区等。园区自然条件优越，城市依托程度高，社会配套好，拥有发展软件产业的良好区位优势。

深圳软件园的建设遵照"统一规划，分期建设，多方参于，共同发展"的原则，按照"一个主园，多个分园"的发展思路，充分发挥市、区和企业的积极性，结合目前的高新区软件园主园，福田、南山、罗湖、蛇口火炬创业园等软件分园，统一规划建设，形成以主园为核心，覆盖全市的软件产业园区。

二、发展特点

（一）重点打造特色产业集群

深圳软件园以深化国家软件出口基地与国家服务外包基地城市示范区的建设，建立以为全市软件与服务外包产业服务的大软件园服务理念为基本点。全面促进新一代通信技术、高端软件、集成电路、新型显示、高端服务器等核心基础产业研发，全面促进研发服务业、软件服务、网络增值服务、文化创意等现代高科技服务业的发展。园区软件与信息服务销售收入占全市八成，入住企业超过800 余家。

深圳软件园在嵌入式软件系统、集成电路设计、大型行业（电信、金融、制造业）应用软件与服务、IC 设计、互联网服务业与软件出口外包方面已形成若干特色产业集群。

嵌入式软件：嵌入式软件占深圳软件园软件产值 60% 以上，在国内居主导地位。嵌入式软件促进了深圳市消费类电子产品、网络通讯、医疗仪器、数字设备、自动化控制设备等行业产品的升级和创新，涌现出了华为、中兴、迈瑞、同洲、朗科、大族、元征等从事嵌入式软件开发的企业。

集成电路设计：深圳软件园内集成电路设计企业超过百家，如国微、华为、中兴集成、爱思科、爱科创新、中星微电子等，约占全国的四分之一。园内聚集了国家 "909" 工程布点的集成电路设计公司，台湾集成电路设计前 10 强企业中有一半落户深圳软件园。

大型行业应用软件与服务。深圳软件园行业应用软件如金融、电子商务、电信管理、物流管理、互动游戏娱乐等在国内优势突出，一些企业已走向了国际市场。如华为、中兴网络通信整体解决方案，金蝶的企业管理软件，金证、奥尊的金融软件，腾讯的网上即时通讯软件，现代的地铁综合管理系统，科陆的电力调度管理软件，科健信息的办公自动化系列软件，海云天的教育软件等产品均在国内具有较高的知名度和市场占有率。

深圳软件园打造了以华为、中兴通信软件与整体解决方案为行业龙头的产业集聚，形成了电信行业咨询、方案设计、软硬件设计、核心业务应用支撑系统设计、实施、软件测试、交付、维护及通信终端设计全流程产业链，是国内乃至全球领先的电信与移动整体解决方案开发基地。

金融信息服务业务。金融领域的软件产品和信息服务是深圳软件园最具竞争优势的产业之一，客户主要来自于证券、银行、保险机构、基金公司、信托等所有金融机构，市场覆盖中国大陆、欧美、香港与台湾，业务线涵盖金融咨询、系统设计、管理信息系统、核心业务产品支撑系统、测试、实施、系统运营与维护、金融基础设施维护、业务流程服务等。

互联网产业：园内汇聚了腾讯、A8 音乐、迅雷、中青宝网、融创天下等一批互联网产业龙头企业，成为全国互联网领先企业最为集中的园区。

欧美软件外包：园内拥有 IBM、ORACLE、Microsoft、HP、大展、福瑞博德、中软、和记电讯、科联、鹏开、易思博、志鸿、联发、凌阳、晶品佳、义隆等一批从事软件和现代信息服务外包的企业群，形成了以跨国公司为龙头，外资企业为主体，本土企业蓬勃发展，欧美和香港为主战场的现代服务外包格局。

（二）加快推进核心载体建设

深圳软件园全面强化运营培训平台、公共技术平台、信息服务平台与服务外包促进会等基础设施建设，打造人才培训、技术服务、金融服务、市场品牌推广四项核心载体工程。深圳软件园已经形成超过100万平米的核心产业空间，成为我国重要的软件产品研发基地、软件企业孵化基地、软件与服务外包出口基地、软件人才培养基地和国际软件技术合作基地，在全国软件行业占有重要的地位。

（三）整合服务门户，构建全方位服务体系

深圳软件园信息服务平台是整合深圳软件园所有服务平台的门户平台，下设人才培训、公共技术、人力资源、协作开发、产业数据统计、知识产权服务、通讯等子平台，为政府和企业在软件与服务外包产业的信息沟通、信息服务、信息采集和挖掘等多方面搭建互动的桥梁。

技术服务平台。深圳软件园公共技术平台通过构建软件测试中心与开放实验室为深圳市的软件企业提供低成本的技术服务环境，建成后的软件测试中心与实验室将提供国际主流先进、大型、多种类的计算机硬件、软件与网络平台，构造大型、开放、通用的软件开发与测试环境，最大程度减轻中小软件企业的开发成本，完善企业产品与服务功能，促进广大中小型软件企业做大做强。

人才资源服务平台。深圳市软件及服务外包培训平台将整合全国35家软件学院及其他重点软件院系资源，通过项目实训面向深圳软件企业的个性化需求，将企业人才需求与大学生定制培训及就业培训有机结合，全方位解决目前深圳软件产业与服务外包产业对有经验毕业生的需求瓶颈，为企业提供人才实训和其它培训服务。

第二十二章　福建厦门软件园

一、园区概况

1998 年 9 月，厦门市政府为加快发展软件产业，推动厦门经济发展，投资兴建厦门软件园。经过多年建设，如今的厦门软件园已成为厦门市软件产业发展的重要载体，海峡西岸软件产业核心聚集区。

近年来，厦门软件园管委会通过多渠道多方式服务企业，改进服务模式。一是做好政策宣传工作，支持园区企业积极申报国家和省市产业资金项目，先后与有关行业主管部门合作举办了知识产权、人才职称评定、税收政策等宣讲座谈会；二是组建产业联盟，组织企业参加台交会、北京软博会、618 项目成果交易会、大连软交会等，抱团拓展市场。三是积极协调企业在发展过程中遇到的融资等问题，举办"企业改制上市和投融资相关政策"专题讲座、银企对接会。四是搭建园区企业交流平台，营造和谐园区氛围。创新公司与相关主管部门、园区企业合作模式，先后组织软件园春季人才招聘会、企业座谈会、园区健康马拉松赛、技术沙龙、志愿者服务等公益活动，促进企业员工的相互交流，丰富园区文化生活。

厦门软件园一期（孵化区）：位于厦门环岛路海景观光线，占地 10 万平方米，与厦门大学软件学院为邻，人文和地理位置优越，工作、生活和交通非常便利，园区具有"人文与自然协调共存的生态环境，交通便捷与环境优美相得益彰"的独特园区风格，园区拥有完善的硬件和商务配套设施，配套有 IDC 机房、会议室、培训中心、餐厅、休闲活动中心等服务设施，吸引了翼华科技、天海欧康、矽恩微电子、时代华亿动漫等近 200 多家企业入驻，其产业聚集优势和规模得到逐步体现。

厦门软件园二期（产业区）：位于厦门岛东部，紧邻城市干道、机场及港口等重要交通设施，具有便捷的交通条件。占地1平方公里，总建筑面积164万平方米，其中研发楼101万平方米。分成四个区域：动漫游区、IC设计和软件研发区、嵌入式软件和增值服务区、配套服务区。园区是国家动画产业基地、国家软件与集成电路人才国际培训基地、国家新型工业化产业示范基地（软件和信息服务）。

厦门软件园三期位于厦门集美核心区，紧邻文教区，环境优美，交通便捷。软件园三期总规划面积12平方公里。其中动漫教育产业基地4.5平方公里，总建筑面积170万平方米，总投资100亿。软件研发产业基地7.5平方公里，总建筑面积800多万平方米，总投资360亿。软件园三期按"高起点、高标准、高层次、高水平"的要求建设，建成后可容纳20万人，形成2000亿产值，实现了厦门软件业的"岛内外一体化"发展。起步区30万平方米的6栋楼于2011年12月27日开工，2013年12月28日交付企业使用，首批48家企业已于年底入驻。整个园区计划3年初具规模、5年基本建成，成为"高起点、高标准、高层次、高水平"的国际化智慧园区。园区根据产业性质，划分为9个不同聚落，包括起步区、订单式自建区、电子商务区、IC产业区、物联网产业区、嵌入式产业区、文创动漫游区、综合配套区，并特别设立了"两岸云计算产业示范区"。

二、发展特点

（一）以动漫网游为特色的产业体系已经形成

2013年，厦门软件园企业实现销售收入318.12亿元，同比增长20.6%；国地税实现总收入9.7亿元，同比增长16.5%。近4年每两年产值增加100亿，7年内产值增加了近10倍。园区企业中销售额超1亿的有64家，比2012年增加了18家。其中销售过5亿的企业10家，销售额合计93.27亿元。园区内共有9家企业入选国家规划布局内软件和集成电路企业，比2012年增加了4家。

动漫网游是园区内的主打产业之一，占全市动漫网游业销售的8成。园区动漫网游区荣获"福建省创意产业重点园区（基地）"称号，4家动漫企业跻身"国家队"。2013年，园内中国移动手机动漫基地运营良好，全年收入达到10.23亿元，用户数突破1亿户，共引入678家动漫内容合作伙伴，平台作品上线数达22万，成为全国最大的动漫发布平台。中国移动手机动漫基地通过"动漫手机化"的内容浏览和"手机动漫化"的数字衍生品，满足用户"看动漫、玩动漫"的需求。目前，着力打造手机漫画制作、信息交互、版权服务等三大能力平台，多方合力打造一个全民化的动漫产业链。

（二）形成"三期全面覆盖"的综合配套体系

厦门软件园拥有完善的公共配套设施，为入园企业提供全程快捷优质的入园一站式服务，吸引了众多国内外软件企业的目光。中国移动手机动漫基地、中国电信海西通信枢纽中心、中国数码港海西营运中心等项目先后落地园区。

借鉴软件园二期成功经验，软件园三期采取多维招商的模式，市区两级政府、行业协会、招商责任企业多方力量共同推进招商工作，尤其重视央企、名企、中国软件百强企业的招商落地，通过吸引龙头企业入驻来带动产业链上下游发展。在各方努力下，截至 2013 年 6 月底，软件园三期入园审核委员会共召开 17 批次的入园审核会议，先后有 176 家企业核准进驻软件园三期。

随着软件园三期起步区首批研发楼开始交付企业使用，园区也将以完善的公共配套设施提供便捷优质的服务。餐饮方面，起步区设有总面积 5500 平米的食堂，可容纳 15000 名员工用餐。为做好用餐配套，保障餐饮质量，园区力邀社会口碑良好、食品材料供应链明晰、食品安全管理规范的餐饮企业入驻，为入园企业员工提供安全、多样化的餐饮配套。交通方面，起步区临近 BRT 快 1 线站点，日均运载量超 10 万，956、948 等 5 路公交链接路线延伸到起步区，与 BRT 站点相连接。同时，园区已和市公交集团初步商定，即将开通软件园二期到三期的公交专线。一站式服务方面，起步区还将设立工商、税务、人才、水务、电力、等一站式服务平台，为入驻产业企业提供便捷服务。

同时，为更好服务园区企业，主动走近园区企业，征求服务意见，了解园区企业工作和生活的困难和建议，2013 年上半年园区还通过发放《软件园企业服务征求意见表》征求园内企业对载体建设等各方面意见。管委会办公室将逐一提出整改措施予以改进。其次是注意园区安全防范，加强企业安全生产管理工作。召开安全工作会议，强调安全生产责任意识。管委会办公室、创新公司与特房物业成立安全检查小组，联合开展园区安全隐患排查整治和消防演练。2013 年上半年，园区新投入公寓近 500 套，完成新增车位改造规划并组织实施，引进优质配套服务商。在大连软交会上厦门软件园（厦门创新软件园管理有限公司）荣获

"2012—2013 中国软件和信息服务业最佳服务园区奖"。

（三）打造综合一体化的公共服务平台

中小企业信息化服务平台。该平台是由园区管委会提供软件平台、服务器，软件厂商提供企业应用软件，电信运营商提供线路资源共同建设的信息化服务平台；企业按用户数向平台租赁应用软件，对中小企业再用补贴方式返还。该平台根据不同行业用户而开发实施软、硬件业务系统平台，并为用户提供各项技术支持及相关服务。

软件评测服务平台。该平台依托于厦门软件评测中心进行，主要是为园内外软件企业提供在不同系统平台（操作系统、网络平台、软件平台）上进行软件评测的软硬件环境，为企业的产品研发提供良好的评测环境；该中心的设立有效解决了软件产品研发过程中遇到的产品测试不充分、测试方法欠规范、产品质量难评估、产品推广缺乏技术评估依据等难题。

软件人才实训与信息服务平台。软件园免费向企业提供各种技术及管理培训；并通过多层次的人才培养体系，与在厦高校紧密合作，建立了 20 多家软件人才实训基地，并合作开展企业订单式教学，提前满足企业的人才需求。同时，园区还建立了 5000 多人的专业人才信息库，以软件园名义在全国知名招聘网上设立长期招聘信息。并利用国家外专局引智园区的优势，帮助十几家企业获得引智资金资助。

融资中介服务平台。厦门软件园长期免费指导和帮助入园企业申报各种扶持资金项目，如国家创新基金项目、福建省促进项目成果转化扶持项目、留学人员专项资金项目、科技兴贸专项项目、厦门市级高技术产业化专项等。组织厦门市各主要银行，在园区开银企碰头会，促进园区企业的银企关系。为入园企业的融资业务提供了大量卓有成效的服务。

数字化园区服务平台。园区上线了厦门软件园信息管理系统，将园区物业管理、企业综合服务、项目申报管理、企业资质认证、人才培训等多方面、多层次的园区服务体系形成完整的园区智能平台，并完善一站式服务体系。同年，园区建立了短信互动系统，使企业能及时掌握园区动向。

企 业 篇

第二十三章　东软

一、总体发展情况

东软集团 1991 年创立于中国东北大学，主营业务包括行业解决方案、产品工程解决方案及相关软件产品、平台及服务等。东软在中国建立了 6 个软件研发基地、8 个区域总部，在 40 多个城市建立营销与服务网络，在美国、日本、欧洲、中东都设有子公司。目前，公司在政府和企业信息化、电信、能源、金融、医疗、汽车电子等行业和领域都处于市场领先地位。

东软 2013 财年前三个季度实现营业收入 48.8 亿元，较上年同期增长 10%；实现净利润 2.82 亿元，较上年同期增长 4.2%。

表 23-1　东软 2007—2013 财年利润情况

财务指标 财年	营业收入情况		净利润情况	
	营业收入（亿元）	增长率（%）	净利润（亿元）	增长率（%）
2007	29.0	5.4%	2.26	169.1%
2008	37.1	27.9%	4.72	108.9%
2009	41.7	12.4%	6.51	37.9%
2010	49.4	18.5%	5.07	−22.1%
2011	57.5	16.5%	4.17	−13.9%
2012	69.6	21.02%	4.56	9.41%
2013Q3	48.8	10%	2.82	4.2%

资料来源：东软财报，2014 年 1 月。

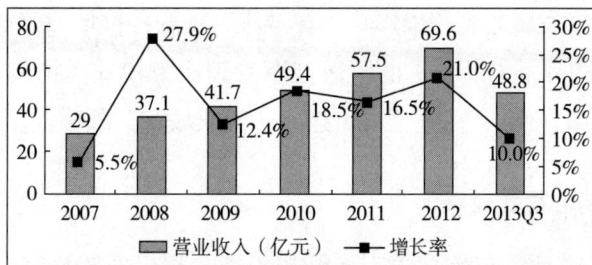

图23-1　东软2007—2013财年营业收入增长情况

资料来源：东软财报，2014 年 1 月。

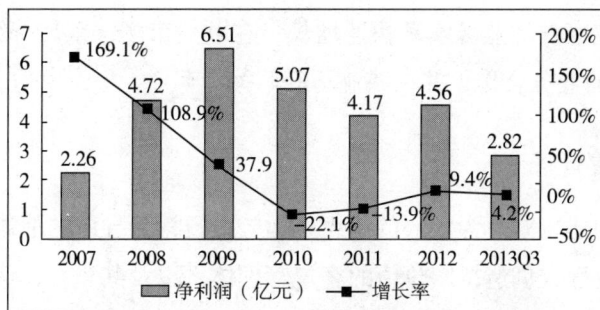

图23-2　东软2007—2013财年净利润增长情况

资料来源：东软财报，2014 年 1 月。

二、企业发展策略

东软加强了针对移动互联网、城商行、智能交通、媒体及其他新兴业务领域的市场开拓力度，整合公司在政府及企业信息化、电信、交通、医疗卫生等多领域的综合优势，构建面向"智慧城市"的整体解决方案。持续加大研发投入，继续加强云计算及物联网、医疗设备、汽车信息技术、大数据、业务基础平台等领域的研发，熙康云平台及应用研发取得积极进展。

（一）业务创新

在医疗系统业务方面，东软成功推出其自主研发的 NeuViz64 层螺旋 CT，并相继获得 FDA、CE、SFDA 等资质认证，取得了积极的市场反馈和销售成绩，对医疗系统业务未来发展起到积极影响。在健康管理服务领域,东软创新采用线上、线下相结合(Online to Offline)的熙康健康管理服务模式,拓展新的服务业态,先后与沈阳、洛阳、佛山等 14 个城市建立"健康城市"战略合作关系。

(二)全球化发展战略

在国际业务方面,东软加大市场开拓力度,积极发展战略合作伙伴,在智能终端领域构建策划、咨询和系统设计等上游工程能力,在汽车电子、智能家庭、IT 产品等业务领域积极尝试商业模式创新,与重点客户的合作更加深入和紧密。在日本市场,东软与索尼、东芝等客户的合作进一步深入,与阿尔派、电装等汽车电子行业客户的业务实现快速增长。在欧美市场,东软持续深化与 Intel、Harman 等客户的业务合作,并拓展亚马逊等关键客户。

(三)运营管理

东软集团构建以客户为中心的组织架构、以目标为导向的战略执行体系、追求卓越的商务流程、创造持续价值的客户管理体系以及共赢合作伙伴联盟等持续提升的运营管理体系与流程。公司加强领导力发展,落实员工薪酬改善计划,提升薪酬市场竞争力,加强内部资源的整合与调整,优化组织结构,启动项目计划与预算管理及核算管理,推进管理流程简化和权限下放,促进了经营效率的提升。

(四)技术创新

东软公司重视对研发的投入。东软加强了对新型医疗体制改革、3G 建设、智能电网、物联网、三网融合等领域的业务规划与研发策划,部署研发了下一代应用软件技术融合平台 SaCa(Secure Social Active Connected Cloud with Awareness)产品家族,包括社区网络应用平台 SaCa.SNAP、多终端应用商店平台 SaCa.AppMart、Web Widget 框架 SaCa.WWF 等,有力地推动了公司 B2B2C、G2B2C 创新应用的快速构建及基于互联网的多元化商业模式创新。

(五)市场拓展

东软公司加速在新业务领域的创新与转型。在汽车电子领域,东软将国际市场多年积累的技术经验与对中国市场需求深度理解的本土化优势相结合,拓展了观致汽车有限公司及其他国内汽车厂商业务，加速向产业链高端的移动，开拓了新的市场机遇。

（六）品牌战略

东软六次入围国际外包专业协会(IAOP)"全球外包100强"榜单。在波士顿咨询公司组织的评选中，东软入围"BCG中国50强全球挑战者"榜单。此外，东软多次获得"中国软件和信息服务产业十年领军企业奖"、"中国优秀软件企业"等奖项。

第二十四章　中软

一、总体发展情况

中国软件与技术服务股份有限公司（简称"中国软件"），是中国电子信息产业集团有限公司（CEC）控股的大型高科技上市企业。中国软件的历史可以追溯到1980年，其乃国内软件行业的先行者之一，2002年5月17日，中软股份成功在上海证券交易所发行上市，2004年通过整合实现了中国软件的整体上市。中国软件是原国家计委批准的三大软件基地中的北方软件基地，国家火炬计划北京软件产业基地中的中软软件园，国家863成果产业化基地；首批通过了全国"软件企业"认证，连续多年被评定为"国家规划布局内重点软件企业"，在国家软件百强企业中排名节节高升，拥有系统集成、软件开发、质量保证等众多顶级行业资质。

中软2013财年上半年实现收入13.72亿元，同比增长16.9%；实现净利润0.80亿元，同比增长23.3%。

表 24-1　中软 2007—2013 财年利润情况

财务指标 财年	营业收入情况		年度溢利情况	
	营业收入（亿元）	增长率（%）	贡献利润（亿元）	增长率（%）
2007	8.12	128.0%	1.23	－
2008	9.83	21.0%	0.71	41.0%
2009	11.05	12.0%	1.21	－

（续表）

财务指标 财年	营业收入情况		年度溢利情况	
	营业收入（亿元）	增长率（%）	贡献利润（亿元）	增长率（%）
2010	16.01	45.0%	0.30	–
2011	22.43	40.1%	1.21	34.9%
2012	26.81	14.08%	0.58	–55.43%
2013Q2	13.72	16.9%	0.80	23.3%

资料来源：中软财报，2014 年 1 月。

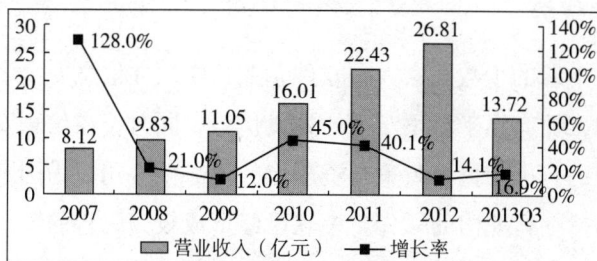

图24-1　中软2007－2013财年营业收入增长情况

数据来源：中软财报，2014 年 1 月。

二、企业发展策略

（一）创新体系

中软以客户需求为导向，借助重大工程抢占行业市场地位，加速公司业务服务化转型，借助国家重大专项提升公司创新能力；专注于国家信息安全，专注于新技术领域和服务化业务，专注于自主核心关键技术和产品。在信息安全领域，提升公司的自主软件产品和行业解决方案的信息安全能力，积极构建信息安全特色技术、产品和服务体系，满足市场需求，获取市场客户和重大工程项目。在重点行业领域，构建网状规模客户群，集中资源和能力用于加强或重构核心业务，建立企业持续成长优势。同时，综合利用内外部资源的价值，实现产业资源的整合，实现内生式发展与外延式并购的有机结合。

（二）投资合作

中软国际与华为合资组建的中软国际科技服务有限公司（以下简称"合资公司"）在西安高新区正式挂牌成立。目前，合资公司已进入实质运行阶段，业绩呈现稳步增长态势，合资公司效应已初步显现。合资公司的成立，将进一步促进全国服务外包产业格局的形成，提升中国软件服务外包产业的国际竞争力。

在云计算领域，中软与阿里云签订战略合作协议，合作共同开发 PaaS 平台。双方合作把 R1 系列产品（包括 Frame Portal，SOA 套件，Biz Foundation）移植到阿里云系统，并提供基于 Java 的开发服务和基于云的 SOA 服务。

（三）竞争优势

作为国资委下属的少数几家大型软件企业，中软在信息安全、政府、高新电子等众多行业中，拥有强于竞争对手的先发优势。同时，在信息安全、自主可控方面，得到国家的有力支持，政策与资源上的优势使公司成为国家重大信息化建设的主力军，保持在行业内的领先。中软已经形成较为完善的国产基础软件产业体系，拥有包括操作系统、数据库、中间件、办公软件、安全软件等众多配套产品，具有产业链、资源协调的整体优势，具备了承担国家重大信息安全建设的基本能力。中软在由传统业务向服务化转型过程中具有一定的机会优势，长期对新型业务的紧密跟踪，也使公司在智慧城市建设、软硬一体化产品等方面奠定了坚实的基础。

（四）重大项目进展

"金税三期"工程。中软承担了金税三期核心征管及应用总集成项目。2012年，金税三期在重庆国、地税局开始试运行工作，2013年2月成功实现单轨运行。根据工程整体规划，核心征管及应用总集成项目将陆续推广到全国各个省市。

核高基与自主可控。中软公司全力保障"核高基"重大专项的实施，推进已承接的核高基重点项目的研发及产业化工作。通过组建自主可控体系联盟，建设联合攻关基地，联合8家核高基示范课题集成商，汇集了核高基支持的12家基础软件厂商和8家基础硬件厂商，共同推进全国产化软硬件关键技术攻关，强力打造软硬结合产业链。

软硬结合产品。在轨道交通 AFC 领域，中软中标北京地铁昌平延长线项目，作为主要设备供应商为台北轻轨环线项目提供 AFC 核心系统，成功中标向莆线和湘桂线；加速引进吸收日本信号关键技术，加快核心软件系统与关键部件的自主化进程，实现向关键零部件、关联技术为支撑的相关产品延拓和向泰国、越南等海外的延伸。

在铁路通信市场，中软中标国内成绵乐线、广西沿海线、赣绍线等国内项目，中标安哥拉本哥拉二期、莫桑梅得斯线等海外项目。

云计算和智慧城市。中软一方面实施了城市云、园区云、企业云、党建云等一系列项目，另一方面大力推进云计算应用模式的拓展和应用。围绕云计算业务落地，中软公司大力推进与地方政府、运营商的多元化合作，构建芜湖、黄石、唐山、赤峰等地方模式，推动应用资源和计算资源的整合，推进智慧城市建设。

第二十五章　神州数码

一、总体发展情况

IT 服务提供商神州数码控股有限公司（以下简称神州数码）由原联想集团分拆而来，并于 2001 年 6 月 1 日在香港联合交易所有限公司主板独立上市。神州数码控股有限公司业务主要包括 IT 规划、流程外包、应用开发、系统集成、硬件基础设施服务、维保、硬件安装、分销及零售等八类业务，面向中国市场，为行业客户、企业级客户、中小企业与个人消费者提供全方位的 IT 服务。在全国 19 个主要城市设有区域中心，并与众多 IT 品牌拥有良好的战略合作伙伴关系。

表 25-1　中软 2007 — 2013 财年营业收入增长情况

财务指标／财年	营业收入情况		净利润情况	
	营业收入（亿港元）	增长率（%）	净利润（亿港元）	增长率（%）
2007—2008	352.44	38.7%	4.01	92.5%
2008—2009	423.26	20.1%	6.41	59.8%
2009—2010	501.78	18.6%	8.24	28.6%
2010—2011	568.04	13.2%	10.05	22.0%
2011—2012	703.19	23.79%	12.45	23.81%
2012—2013	734.99	4.5%	13.67	9.85%
2013—2014Q2	176.16	−10%	6.33	−14.6

资料来源：神州数码财报，2014 年 1 月。

神州数码 2013—2014 财年中期（2013.4.1—2013.9.30）的营业收入为 176.16 亿港元，同比下降 10%，实现净利润为 6.33 亿港元，同比下降 14.6%。

图25-1　神州数码2007—2013财年营业收入增长情况

资料来源：神州数码财报，2014 年 1 月。

图25-2　神州数码2007—2013财年净利润增长情况

资料来源：神州数码财报，2014 年 1 月。

二、企业发展策略

（一）智慧城市发展战略

神州数码提出了"智慧城市"战略，旨在通过以云计算为代表的信息技术进行融合创新，主动应对城市化的快速进程所带来的诸如交通拥堵、环境污染、城市居民生活质量下降等一系列问题和挑战，以信息化带动城市管理水平的整体提升。经过两年多的创新实践，目前其智慧城市业务布局日渐清晰。

围绕"智慧城市"战略加快布局,神州数码取得了阶段性突破,有效地推动了集团的服务转型。神州数码持续推动"智慧城市"战略落地,在全国69个城市展开,并与14个城市签订了战略合作框架协议,成为中国市场领先的,既有前瞻性理论架构,又有最多成功案例的中国智慧城市专家。凭借在智慧城市领域的篇幅和远见,神州数码以福州和佛山为试点,成功发布了国内首创的市民融合服务平台,推动民生服务均等化和社会管理机制创新,"以人为中心"的融合服务体系得到广泛关注,从而实现了智慧城市解决方案业务到运营服务的积极探索。此外,神州数码还在深圳构筑国际运营基地,打造以政府为主导,以市民为中心,以移动覆盖为特征的市民融合服务体系,完善电子化商业便民服务产业链,进一步巩固在智慧城市领域领先的专业地位。

(二)业务创新

神州数码集团积极推动对国际消费电子展和电商渠道的全面覆盖,加强 CES 业务深化与大型零售卖场的合作,尤其是围绕苹果产品与国美,沃尔玛的合作不断深入构建服务体系。集团积极推动客户计划,整合资源构建服务支撑体系,在政企和金融行业的拓展取得明显进展,带动整体服务业务实现大幅增长。集团服务业务坚持业务转型,自有服务连续保持高增长,业务结构不断优化。金融行业方面,金融的 SaaS 业务已成为云计算领域的先头部队,实现快速拓展,目前已经累计签约 51 家村镇银行的核心业务系统、信贷系统、网络银行系统等运营服务。

(三)全球化发展战略

神州数码集团持续推动与重点厂商的战略合作,主要产品线市场份额稳中有升,与厂商携手拓展新兴领域。集团与思科、IBM、甲骨文、微软共同制定合作计划,完善产品布局,保证了现有业务的稳定增长,同时,与重点厂商合作拓展云计算,大数据等新兴领域市场。

第二十六章　华胜天成

一、总体发展情况

北京华胜天成科技股份有限公司(以下简称华胜天成)是 IT 综合服务提供商。旗下拥有两家上市公司：华胜天成和香港 ASL 公司。集团总部位于北京，在中国大陆及港澳台、东南亚等地区设有 40 多个分支机构，员工人数近 5000 名。华胜天成于 2004 年在上海证券交易所上市。

华胜天成的业务方向涉及云计算、移动互联网、物联网、信息安全等领域，业务领域涵盖 IT 产品化服务、应用软件开发、系统集成及增值分销等多种 IT 服务业务。基于"客户导向"的经营理念以及"合作共赢"的发展战略。公司在电信、邮政、金融、政府、教育、制造、能源、交通、军队等领域拥有大量成功案例。

华胜天成 2012 财年的营业收入为 52.37 亿元，同比增长 3.01%；实现净利润为 1.57 亿元，同比下降 31.63%。主营业务利润出现下滑，主要由于华胜天成正处在业务结构转型时期，产品结构变化及市场竞争等因素导致的综合毛利率下降，以及为加强在重点行业的业务发展、加快区域布局，公司在市场及研发等核心业务领域资源投入增加，使得净利润、利润率均出现不同程度的下降。

表 26-1　华胜天成 2007—2013 财年净利润增长情况

财务指标 财年	营业收入情况		净利润情况	
	营业收入 （亿元）	增长率 （比上年度末）	净利润 （亿元）	增长率 （比上年度末）
2007	22.43	30.3%	1.78	19.2%
2008	29.45	31.3%	2.02	13.3%
2009	33.54	13.9%	1.88	−6.7%
2010	40.75	21.5%	2.07	10.0%
2011	50.84	24.7%	2.29	10.4%
2012	52.37	3.01%	1.57	−31.63
2013Q2	23.11	2.03%	0.55	−23.55

资料来源：华胜天成财报，2014 年 1 月。

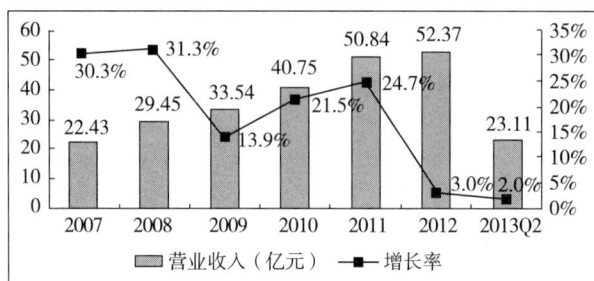

图26-1　华胜天成2007—2013财年营业收入增长情况

资料来源：华胜天成财报，2014 年 1 月。

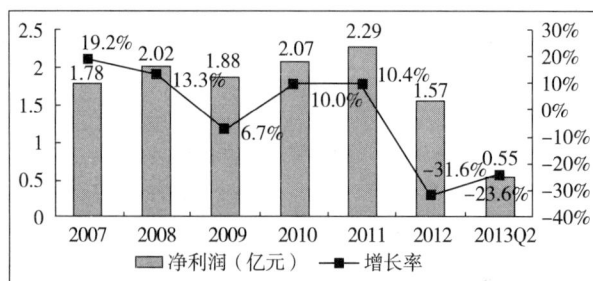

图26-2　2007—2013财年华胜天成净利润增长情况

资料来源：华胜天成财报，2014 年 1 月。

二、企业发展策略

（一）战略创新

随着国家对新兴产业进一步加大扶持力度，在把握行业发展面临的新形势、新机遇、新需求的基础上，华胜天成根据公司长期以来持续不断的市场分析和研究，结合公司自身和外部环境的客观实际情况，在"十二五"期间，以成为"中国云计算产业龙头企业"为战略目标，以"成为客户最重要的 IT 公司"为使命，积极围绕云计算、大数据、信息安全、移动互联网、物联网等新兴技术领域进行开拓，保持在电信、邮政行业优势地位的同时，大力进军金融行业、政府行业、能源行业，使公司保持经营业绩持续增长。

为达成战略目标，华胜天成进一步加大研发力度，增强研发团队实力，持续不断进行技术创新、产品升级；整合公司各方面资源，进一步提高流程的效率，努力拓展新的行业市场；加强资本市场建设，提供公司发展新动力；积极落实人才强企战略，培养具有专业竞争力的优秀团队，支撑公司业务的可持续发展。

（二）技术产品创新

华胜天成完成多项技术、产品及服务方面的创新工作。自主化云计算产品——"中小型企业供应链金融云服务平台"获得了国家相关部门的年度验收。华胜天成－天成云艾维虚拟计算系统（iVCS）是中国完全自主可控的虚拟化产品。该产品是基于 X86 硬件架构的虚拟化产品，可以帮助企业提高数据中心整体效率，降低 IT 复杂性及总拥有成本（TCO），从而可使企业更专注于自身核心业务的发展，实现业务灵活拓展，快速响应市场需求变化，提升行业竞争力。

华胜天成还推出了自主研发的云计算五大产品：天成云机、e 维融通、天成云泰、i 维数据、云悦服务。这五大产品是以"天成云"（Teamsun-Cloud）为品牌架构，并从客户战略、业务和挑战出发，关注其云业务基础架构、业务应用、数据管理、安全合规和运营运维等重点要素，通过自主创新技术和最佳实践为基础，融合云计算产业链中的先进技术与产品，为客户构建"有效益"的云计算平台，并提供"随需应变和敏捷"的云计算服务。

（三）投资合作

公司与 IBM 合作完成"Power Director"（虚拟化管理工具）的研发，该产品建立在开放合作的模式基础上，可充分发挥 IBM Power 硬件和 Power VM 虚拟化的优势，具备化繁为简，化难为易，工厂预装，开箱即用的特点。

（四）竞争优势

人才优势。华胜天成拥有一批长期从事电信和金融行业的信息技术应用开发的行业专家，在行业背景和客户服务经验方面具有深厚的积累。同时，公司还拥有一批资深的系统分析员和软件开发人员，包括获得高级工程师职称、获得工业和信息化部认证的高级项目经理和项目经理共计 70 余名。

技术优势。通过多年的行业服务经验积累，华胜天成已形成较强的技术优势，已连续多年被认定为国家规划布局内重点软件企业。通过自主研发，公司已形成软件著作权 340 余项，拥有较为齐全的行业内主要资质，包括"CMMI MATURIYT LEVEL3"、"计算机信息系统集成一级资质"、"涉及国家秘密的计算机信息系统集成甲级资质注"等。

市场优势。华胜天成与国内各主要电信运营商、电信设备制造商及金融行业的部分重点用户建立了相互信任和密切的合作关系，在行业客户中享有较高的信誉度。公司已形成了覆盖华北、华东、华中、华南和西北的全国大部分大中城市和地区的营销和服务网络，利用全面的服务网络和成熟的项目管理体系，公司能够为行业用户的全国性应用项目提供全方位的及时服务。

管理优势。华胜天成管理层全部具有多年的行业技术经验和丰富的管理经验，同时公司通过不断引进高素质的高级职业管理人才，形成了一只专业化、职业化程度较高的管理团队。另外，通过建立科学的规章制度体系，公司在决策、经营、科研等各方面都有较为完善的制度保证。

第二十七章　用友

一、总体发展情况

用友软件股份有限公司（以下简称用友软件）成立于 1988 年，主要产品包括：管理软件、ERP 软件、集团管理软件、人力资源管理软件、客户关系管理软件、小型企业管理软件、财政及行政事业单位管理软件、汽车行业管理软件、烟草行业管理软件、内部审计软件及服务，也是企业云服务、医疗卫生信息化、管理咨询及管理信息化人才培训提供商。2001 年 5 月 18 日，用友软件股份有限公司成功在上海证券交易所发行上市。

用友软件 2010 年获得工信部系统集成一级资质企业认证。用友软件由总部研发中心（北京用友软件园）、南京制造业研发基地、重庆 PLM 研发中心、上海先进应用研究中心、上海汽车行业应用研究中心、深圳电子行业应用开发中心等在内的企业应用软件和企业云服务研发体系组成，研发队伍超过 3000 人。在日本、泰国、新加坡等亚洲地区，用友软件建立了分公司或代表处；在法国，用友与源讯合资成立云安公司，为欧洲、中东和非洲（EMEA）的企业用户提供从 ERP 管理软件、财务系统到 IT 咨询的一站式创新型产品、服务和云应用。

2013 年，用友公司处在业务结构转型时期，面对宏观经济形势对业务影响的压力，用友克服困难，采取切实有效措施，增收节支，加强回款，实现了主营业务收入的稳定和一定规模的净利润。用友软件 2013 财年上半年营业收入为 15.39 亿元，同比下降 10.3%，实现净利润为 0.69 亿元，同比下降 48.5%。

表 27-1 用友 2007—2013 财年净利润增长情况

财务指标 财年	营业收入情况		净利润情况	
	营业收入（亿元）	增长率（%）	净利润（亿元）	增长率（%）
2007	13.57	21.8%	3.60	111.8%
2008	17.26	27.2%	4.08	13.3%
2009	23.47	36.0%	6.14	50.5%
2010	29.79	26.9%	3.46	−43.7%
2011	41.22	38.4%	6.06	74.3%
2012	42.35	2.7%	3.80	−29.3%
2013Q2	15.39	−10.3%	0.69	−48.5%

资料来源：用友财报，2014 年 1 月。

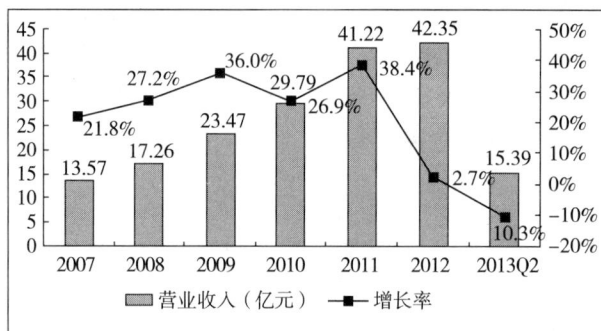

图27-1 用友2007—2013财年营业收入增长情况

资料来源：用友财报，2014 年 1 月。

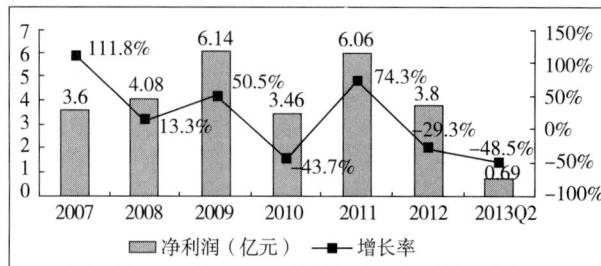

图27-2 用友2007—2013财年净利润增长情况

资料来源：用友财报，2014 年 1 月。

二、企业发展策略

（一）战略创新

用友公司的业务发展战略向两个方向推进：对于现有软件业务大力改进经营，包括调整业务模式、做强产品、突破产品支持服务业务、做大产业链、升级管理；对于云业务加快战略培育，包括研发运营到位、加快业务发展速度、实现市场占位及战略领先。为了在业务和管理上落实"坚实、突破、效益"的基本工作方针，公司确定了未来的关键发展策略为"平台化转型"、"业务聚焦"和"管理升级"。

"平台化转型"将推进"新长城计划"，加快 UAP、CSP（公有云平台）、下一代企业与政府应用、移动应用、数据技术产品发展；软件包、解决方案向平台化模式转型、升级；加快建立基于用友平台和产品的强大产业生态链，与伙伴合作共赢，实现规模化、效益化发展。

"业务聚焦"战略包括：产品发展统一到两大平台，公司未来的所有产品都将围绕着 UAP 和 CSP 两大基础性平台进行开发，提高产品发展的整体效率和效益；精简产品线、业务线，聚焦行业发展；除部分客户外，推行咨询实施业务由专业服务伙伴与客户直接签约交付模式（分签模式），公司解决方案业务聚焦产品、营销、高端客户深度经营。

"管理升级"包括升级员工发展体系，控制人员规模，调整人员结构，提高人均利润水平；加强产品管理，推进研发组织向产品组织的转化和发展，强化"产品经理制"；加强项目管理；深化客户经营；建立高效、可持续的绩效管理体系；升级管理会计体系、运营管理支撑的信息化平台。

（二）技术产品创新

公司开展了云计算等技术创新，加强了 UAP 平台的研发，开展了 NC6、U8 V11.0、畅捷通新一代等产品的重大升级活动，并推进商业模式创新，开展了公有云 PaaS 业务的前期开发与运营，以及面向小微企业的财税、协同、营销、支付云服务。用友公司重视并鼓励研发与创新，设立创新奖励基金，并完善了专利奖励办法，对取得技术创新成果和申请专利的研发人员实行奖励，鼓励和激发了研发人员参与技术创新和申请专利相关工作。

（三）并购合作

用友公司以云计算及移动平台技术与应用服务、数据处理技术为重点，开展了收购兼并项目的调研分析工作。北京用友幸福投资管理有限公司所管理的北京用友创新投资中心（有限合伙）于 2012 年 10 月以增资方式投资北京家酷天成商贸有限公司，投资金额为 200 万元。

（四）竞争优势

产品优势。在企业及政府信息化方面，用友长期累积的产品基础优势显著。NC6 和 UAP 平台在产品技术上已经达到国际先进水平，产品优势大幅提升，显著拉开了与国内主要厂商的差距，并在海外市场得到认同，赢得了客户与合作伙伴的选择。用友的云服务业务已经有了初步基础，180 万家客户群体形成了云服务业务发展的战略优势，用友公有云平台将成为用友面向小微企业市场和企业公共应用市场新的竞争利器。用友在财政、汽车、金融、烟草、医疗、教育等行业和审计、商业智能分析领域的产品与解决方案居国内领先水平。

研发优势。用友拥有由总部研发中心、总部 UAP 中心、美国硅谷技术研发中心、南京制造业研发中心、重庆 PLM 研发中心、上海汽车行业应用研发中心、厦门烟草行业应用研发中心等在内的中国最大的企业及财政等公共组织应用软件和云服务研发体系，拥有一支人数超过 3000 人的研发队伍和行业领先的研发管理体系与平台。

品牌及市场优势。用友在企业管理软件、ERP 软件、CRM 软件、集团人力资源管理软件、内审软件、BI 软件、财务软件、财政软件、烟草行业软件、汽车销售与服务管理软件、金融企业管理软件和小微型企业信息化服务等领域连续多年荣获桂冠。目前，在中国及亚太地区超过 180 万家企业与机构通过使用用友软件和服务，实现精细管理、敏捷经营。

营销服务网络优势。用友拥有亚太本土管理软件领域规模最大的销售、支持、咨询实施、培训服务网络，公司近 200 家分支机构、3000 多名服务人员、3000 多家合作伙伴组成了中国管理软件业最大的营销服务网络，并在香港、澳门、台湾、新加坡、马来西亚、泰国、法国、加拿大、日本等地区和国家设立了营销服务机构。

（五）品牌战略

用友公司正式发布"用友企业云平台"，推出面向大型企业、小微企业的云平台与云服务；宣布实施"新长城计划"，启用用友新的英文字号"yonyou"和新品牌标识；成功举办了主题为"大转型——从中国一流到世界一流"的经营管理创新年度峰会，与2000多位有影响力的企业家和CEO、CIO、CFO、CHO等企业高管以及政府领导、专家学者探讨在当前全球经济环境下，中国企业如何加快战略变革，实现转型升级之路。

第二十八章　金蝶

一、总体发展情况

金蝶国际软件集团有限公司（以下简称金蝶国际）总部位于中国深圳，始创于 1993 年 8 月 8 日，于 2001 年 2 月 15 日在香港联交所创业版上市，2005 年 7 月 20 日转入香港联交所主板。金蝶国际在中国大陆设有深圳、上海、北京三个软件园，在深圳、上海、北京、成都、广州和新加坡等六地设立了研发中心。在中国大陆拥有 105 家以营销与服务为主的分支机构和 2400 多家咨询、技术、实施服务、分销等合作伙伴。金蝶营销、服务及伙伴网络在中国大陆分为南方、华

表 28-1　金蝶 2007—2013 财年利润情况

财务指标 财年	营业收入情况		净利润情况	
	营业收入 （亿元）	增长率 （%）	净利润 （亿元）	增长率 （%）
2007	7.67	25.0%	1.36	40.0%
2008	8.75	14.0%	1.82	33.0%
2009	9.97	13.8%	2.12	17.0%
2010	14.36	44.1%	2.70	27.9%
2011	20.22	40.8%	1.45	−46.6%
2012	17.65	−12.71%	−1.40	−200%
2013Q2	7.45	−4.5%	0.09	104%

资料来源：金蝶财报，2014 年 1 月。

南、北方、东北、华东、西部六大区域，遍及 300 多个核心城市和地区；集团客户遍及亚太地区，包括中国大陆、中国香港、中国台湾、新加坡、马来西亚、印度尼西亚、泰国等国家和地区。

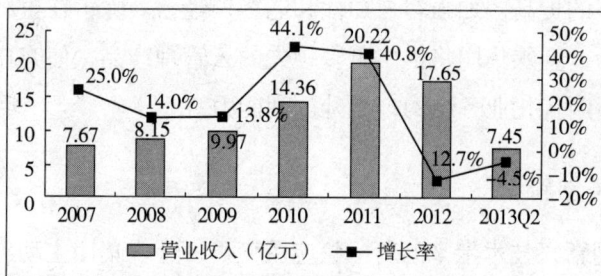

图28-1　金蝶2007－2013财年营业收入增长情况

资料来源：金蝶财报，2014 年 1 月。

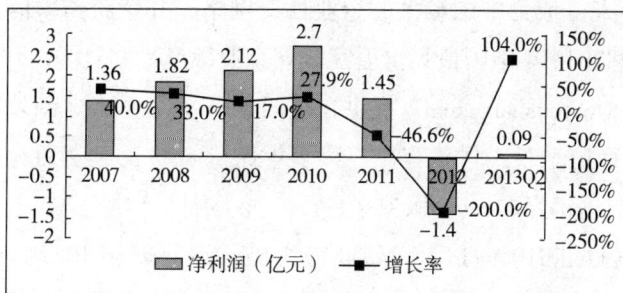

图28-2　金蝶2007－2013财年净利润增长情况

资料来源：金蝶财报，2014 年 1 月。

二、企业发展策略

（一）战略创新

面对国内外经济环境的压力，中小型企业减少软件开支，金蝶采取一系列的措施，以"转型，聚焦，高价值"为方针，聚焦和增强核心产品竞争力，推出社交化 ERP，积极探索社交网络、移动互联网、云计算三大新兴技术，加强分销伙伴生态链，由销售导向向交付导向转型，加强项目管理，聚焦老客户经营。未来，金蝶集团将积极面对外部市场环境的变化，完善组织与战略的对接，围绕"产品领先，伙伴至上，激情专业，共创共赢"的战略总方针，聚焦核心产品，不断提升产品竞争力，构建"以客户为中心，以伙伴为主体"的新型营销体系，保证经营的平稳和效率的提高，加强客户黏性和老客户经营。除了在盈利方面取得扭亏为盈的突破之外，金蝶集团将推出更多领先的云管理产品，使客户管理能力得到提升的同时，不断优化业务结构，提升盈利能力。

（二）业务创新

面对互联网新兴技术带来的新一轮应用变革，金蝶集团主动进行业务整合与拓展，成立企业互联网事业群，积极推动企业社交网络，SaaS等新兴服务，致力于为企业用户提供私密的"社交化工作空间"，提升沟通协作和管理效率。

其中，企业社交产品云之家（www.kdweibo.com）注册企业突破2.2万，企业用户达到35万人，成为中国最大的企业社交网络，并荣获国家信息产业公共服务平台颁发的"2012年中国最具价值互联网企业级产品奖"。

友商网（www.youshang.com）提供在线的SaaS会计服务，新增付费客户数取得同期40%的稳定增长，付费客户连续多年保持80%的续费留存率，是国内最大的在线会计与进销存的SaaS服务平台。

快递100（kuaidi100.com）产品取得突破，单日峰值PV浏览量逾900万，开放API衔接国内电商网站近万家，是百度紫金级战略伙伴，并成为中国最大的快递与物流信息查询与服务平台。

金蝶智慧记产品（zhj.kisdee.com）是中国第一款"云＋端"进销存软件，付费用户已超过2.2万，在个体企业市场继续领先。

（三）产品创新

金蝶集团以"云管理，触手可及"为主题发布一系列中小企业云管理产品，包括国内首款针对小微企业的"云＋端"金蝶KIS云管理软件，推出小微企业老板，销售人员等不同角色使用的多种移动应用，金蝶K/3WISE产品不断完善，并发布基于云平台的ERP产品K/3 V1.0云，可与产业链，客户共同打造第三方应用，提升对客户服务的价值。

金蝶集团还发布了中国第一款集团企业社交化ERP-EASV7.5，结合云管理新兴三大技术，在集团管控，移动社交化应用，个性化扩展和性能提升上取得了重大突破。同时，金蝶集团继续强化房地产等核心行业解决方案，推出移动售楼等云管理应用，帮助企业加强管理效率。

（四）全球化发展战略

金蝶集团推进亚太区域市场的布局，聚焦于国内外资企业，并在海外发展了30余家合作伙伴，成功签约卓健医疗服务有限公司、艾默生网络能源、山崎马扎克、浦东区仁恒置地集团有限公司、新加坡欣阳集团、托里·伯奇远东有限责任公司等跨国知名企业及行业龙头企业。

第二十九章　宝信

一、总体发展情况

上海宝信软件股份有限公司（简称宝信软件）是上海宝钢信息产业有限公司吸收合并上海宝钢计算机系统工程有限公司、上海宝钢软件有限公司，与上海钢管股份有限公司整体资产置换改制成的股份制公司，于2001年4月上市。目前，宝信软件总部位于上海浦东张江高科技园区，是国家规划布局内重点软件企业，获得计算机信息系统一级集成资质，第13批国家级企业技术中心，2012年中国十大创新软件企业。

宝信软件主要从事计算机、自动化、网络通讯系统及软硬件产品的研究、设计、开发、制造、集成，以及相应的外包、维修、咨询等服务。全面提供具有自主知识产权的钢铁企业信息化解决方案、自动化系统集成及运行维护服务；城市智能交通综合解决方案和路桥遂、轨道交通的综合监控；机电成套设备、机电一体化产品及运行维护等。主要产品和服务为软件开发、服务外包、系统集成、工程设计及智能交通以及软件和信息技术服务业等。

2013年宏观经营环境非常严峻，由于钢铁行业进入微利时代，对公司经营形成巨大压力。宝信软件通过几方面工作来应对形势变化，一是成功进入资源行业，有效拓展新的运维市场，丰富装备制造、有色、轨道等领域服务内容，初步建成云服务能力；二是加快分子公司布局，新开办了本溪办事处、河北办事处、湛江分公司，成立宝信数字技术有限公司，公司进一步优化分子公司定位，强化分子公司贡献，分子公司整体经营贡献显著提升；三是加强精细化管理，提高运营效率。通过优化管理流程推行简单、速度、成本的管理理念；积极推进宝信专务系统建设,为公司高效管理提供保障;四是大力推进研发工作,提升核心竞争力。截至 2012 年年底累计申请专利 40 件,完成软件著作权登记 20 项,产品登记 20 件。车联网、ICV 等一批极具市场前景的产品研发也在稳步推进中。

2012 年宝信软件实现营业收入 36.38 亿元, 比上年同期增长 15.67%, 实现净利润 2.61 亿元, 比上年同期增长 6.28%, 全年实现经营性净现金流 5635 万元。截至 2013 年第三季度, 实现营业收入 22.83 亿元, 比 2012 年同期下降 13.82% ; 实现净利润 2.23 亿元, 比 2012 年同期下降 2.19%。

表 29-1 宝信 2007—2013 财年利润情况

财务指标 财年	营业收入情况		净利润情况	
	营业收入 （亿元）	增长率 （%）	净利润 （亿元）	增长率 （%）
2007	18.27	19.7%	1.42	59.6%
2008	21.47	17.5%	1.90	33.8%
2009	22.73	5.9%	2.04	7.4%
2010	25.81	13.6%	2.28	11.8%
2011	31.45	21.6%	2.46	8.8%
2012	36.38	15.67%	2.61	6.28%
2013Q3	22.83	−13.82%	2.23	−2.19%

资料来源：宝信财报, 2014 年 1 月。

图29-1 宝信2007－2013财年营业收入增长情况

资料来源：宝信财报, 2014 年 1 月。

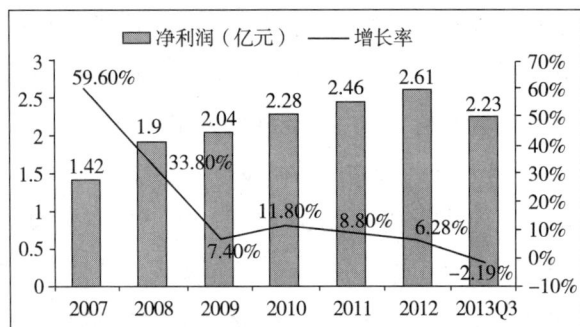

图29-2　宝信2007—2013财年净利润增长情况

资料来源：宝信财报，2014年1月。

二、企业发展策略

经过多年的运营和发展，宝信软件已经积累了深厚的钢铁行业知识和行业背景、丰富的项目实施经验和管理能力、较成熟和完整的行业解决方案、规范的项目过程管理和较广泛的客户基础。根据对经营环境和自身能力判断，宝信软件在新一轮发展规划中明确战略定位：数字化提升企业竞争能力，智能化构筑社会美好未来，成为中国领先的工业软件行业应用解决方案和服务提供商。主要体现在"两个聚焦+三个链环"的发展模式：

（一）聚焦云计算和物联网战略

2012年宝钢私有云建设初步建成，已具备云计算服务能力和核心技术的实践经验，以此为基础，宝信在2013年全方位推进云计算项目，开始对外提供服务，形成宝信的云计算业务模式。积极探索IDC项目运营模式，有望形成新的业务增长点；物联网相关工作取得一定进展，车联网相关方案已经获市场认可。

（二）聚焦业务和客户

宝信软件在新战略规划中将调整业务结构，更加聚焦工业软件领域的行业应用软件（非嵌入式工业软件）和相关服务，适度发展可规模化销售的硬件产品业务。重点发展面向先进制造业、现代服务业的行业应用解决方案和产品。新一轮规划期内要通过开发产品化软件、推进机电成套产品的规模化生产，以及加强市场销售力度，增加产品收入及维护收入在公司总体收入结构中的比重。公司将继续坚持大客户开发策略，加大力度开发和培育具有相当市场容量的大客户，以实现规划期末市场结构调整目标。

（三）三大链环互动模式

宝信软件的商业模式坚持工程—服务—产品三大链环互动模式，逐步调整业务占比结构。新一轮规划期中宝信将更加强调"提能力"和"促转型"，总体策略是通过巩固现有市场、提升技术能力、构建营销网络、实施投资并购、开展业务转型等路径，支撑战略目标的实现。

第三十章　启明信息

一、总体发展情况

　　启明信息技术股份有限公司（以下简称"启明信息"）成立于 2000 年 10 月 25 日，前身是中国第一汽车集团公司电子计算处，2004 年 4 月完成股份制改制，2008 年 5 月 9 日在深圳证券交易所挂牌上市。公司现有员工 2050 人，其中硕士研究生以上学历 144 人，占员工总人数的 7%。

　　启明信息是专门从事汽车业管理软件与汽车电子产品研发、制造及服务的高科技企业。启明信息在汽车业管理软件产品研发与服务和车载信息系统研制及服务两个领域的市场份额中居国内同行业第一位。公司为国家规划布局内重点软件企业、国家火炬计划重点高新技术企业，获得计算机信息系统一级集成资质，连续 11 年获得"中国十大创新软件企业"，全国规模最大的软件百强企业，现为吉林省 IT 龙头企业。启明信息已承担国家级产品研发及产业化项目共 30 余项，获得 31 项软件著作权和专利权 26 项，取得国家级奖励 8 个、省部级奖励 9 项、市级奖励 7 项。

　　启明信息的主营业务包括四大类：一是管理软件业务，面向汽车产业链和集团化管理，开展以汽车业管理软件为核心的软件开发、应用集成及管理咨询业务；二是汽车电子产品业务，面向汽车整车制造商、汽车运输企业和汽车驾驶者，提供汽车电子产品研发制造、系统配套及增值服务业务；三是集成服务业务，面向各级政府，事业单位及国内外各类企业、开展以系统集成业务为核心的网络工程，机房工程及建筑智能化工程、IT 咨询服务、IT 全面解决方案及专业技术培训服务等；四是数据中心业务，提供数据容灾备份服务、IT 运维服务、信息安全服务、云平台服务、D_Partner 信息平台及呼叫中心业务。

目前公司的汽车业管理软件解决方案已经涵盖汽车产业链，主要核心产品包括企业资源计划管理系统(ERP)、产品数据管理系统(PDM)、制造执行系统(MES)、办公协同系统（OA）、销售管理系统（TDS）等系列软件产品 19 项，以及"帅通"系列车载信息系统、"帅风"系列汽车电子控制系统等电子产品 40 多项，其中启明 ERP、启明 cPDM 和启明 TDS 已达到国内领先水平，成为行业主导软件产品。

受行业整体发展趋势影响，在市场紧缩、成本提升等不利环境因素的作用下，导致报告期内实现利润情况同比有所下降。启明信息 2012 年度实现销售收入 13.87 亿元，同比仅增长 0.15%；实现净利润为 4242.90 万元，同比下降 33.76%；研发支出 7839 万元，占 2012 年公司净资产比例的 8.84%。截至 2013 年第三季度，实现销售收入 7 亿元，比 2012 年同期下降 18.79%；实现利润总额 267.11 万元，同比下降 92.93%；2013 年上半年研发投入 1434.27 万元，同比下降 36.94%。

表 30-1　启明信息 2007—2013 财年利润情况

财务指标　　　　财年	营业收入情况		净利润情况	
	营业收入（亿元）	增长率（%）	净利润（亿元）	增长率（%）
2007	7.91	23.8%	4684.08	10.2%
2008	10.85	37.2%	6599.08	40.9%
2009	13.16	21.3%	7923.75	20.1%
2010	15.41	17.1%	9027.08	13.9%
2011	13.85	−10.1%	6405.67	−29.0%
2012	13.87	0.15%	4242.90	−33.76%
2013Q3	7.00	−18.79%	267.11	−92.93%

资料来源：启明信息财报，2014 年 1 月。

图30-1 启明信息2007—2013财年营业收入增长情况

资料来源：启明信息财报，2014 年 1 月。

图30-2 启明信息2007—2013财年净利润增长情况

资料来源：启明信息财报，2014 年 1 月。

二、企业发展策略

（一）项目研发创新

启明信息已经连续 10 年被评定为"国家规划布局内重点软件企业"，在前期研发储备积累的基础上，公司近三年用于研发支出的金额分别为 6193 万元、8199 万元、7838 万元，分别占当期公司净资产比例为 6.23%、8.62%、8.84%；分别占当期营业收入比例为 4.47%、5.92%、5.66%。具有自主知识产权的汽车业管理软件和汽车电子产品是公司业务的核心，也是公司发展的基础。目前公司的汽车业管理软件解决方案已经涵盖汽车产业链，公司目前已获得专利权 38 项，

2012 年新增 12 项；公司获得专利受理通知 12 项。

（二）车联网发展战略

交通拥堵问题也引发智能交通行业的投资机遇，启明信息在车载电子方面已进行了长达十年左右的耕耘，在汽车电子研发与生产以及汽车 IT 建设方面给予智能交通有力的支撑。在车联网逐步走向现实应用的背景下，公司前装 / 准前装产品的功能优势将得到充分体现。

启明信息将车联网作为核心产品方向，制定了自主开发与技术集成相结合的开发路线，研发工作重心为 H 平台导航及 D-partner 平台开发。汽车电子业务单元延续巩固前装、拓展后装的营销工作策略，并参与了 2012 北京车展，B50、A130、S80、消防车、C131、B70、B90、CUV、J6 等展车全面搭载 D-partner 系统。汽车电子业务单元完成组织机构调整，并全面更新部门职能职责、体系流程文件。2012 年汽车电子检测中心获得国家实验室认可，检测中心的体系运行严格按照国家实验室的要求执行，正在筹划申请 CMA 认可，以进一步提升实验室的能力。

（三）产品规划战略

产品规划划分为以下几个主题项目：产品集成规划、数据仓库规划、主数据管理规划、项目管理规划、财控体系规划等。开展用户满意度调查活动，进行客户满意度分析，为提升产品和服务质量提供依据。

2013 年，管理软件业务完成的主要工作包括建立虚拟规划团队、建立项目管理团队，将规划与研发工作、项目实施工作衔接起来；运用项目组的经验进行深度分析，同时借助规划室的整合和先进性来提升能力；加强产品规划，协调业务分工，避免内部资源浪费及市场混乱。

第三十一章　百度

一、总体发展情况

百度 2000 年 1 月创立于北京中关村，是全球最大的中文搜索引擎，拥有员工超过 18000 人。百度的创立使中国成为美国、俄罗斯和韩国之外，全球第四个掌握搜索引擎核心技术的国家。英国《金融时报》将百度列为"中国十大世界级品牌"，是榜单中最年轻的一家公司，也是唯一一家互联网公司。百度还获得"亚洲最受尊敬企业"、"全球最具创新力企业"、"中国互联网力量之星"等一系列荣誉称号。

2005 年 8 月 5 日，百度在美国纳斯达克上市，并成为首家进入纳斯达克成分股的中国公司。2008 年 1 月 23 日，百度日本公司正式运营，国际化战略全面启动。

百度公司不断地为网民提供基于搜索引擎的各种产品，其中包括：以网络搜索为主的功能性搜索，以贴吧为主的社区搜索，针对各区域、行业所需的垂直搜索，Mp3 搜索，以及门户频道、IM 等，全面覆盖了中文网络的搜索需求。随着中国互联网从 PC 端向移动端转型，百度也在积极围绕核心战略加大对移动和云领域的投入和布局，不断把 PC 领域的优势向移动领域扩展。据 CNNIC《2012 中国网民搜索行为研究报告》数据显示，百度搜索在手机用户中的渗透率达到 96.9%，用户首选率已经达到 88.5%。

百度 2012 年总营收为人民币 223.06 亿元，比 2011 年增长 53.8%；实现营业利润为人民币 110.51 亿元，同比增长 45.9%。在由 PC 互联网向移动互联网的转型期，百度正在不断加大技术创新和研发力度，2012 年全年，百度在技术研发方面的投入达 23.05 亿元，比 2011 年增长 72.7%，创历史新高。

2013 年三季度，百度实现营业收入 88.92 亿元，同比增长 42.3%；净利润 30.48 亿元，同比增长 1.3%。第一季度百度传统搜索在线广告业务营收达 88.48 亿元，同比增长 41.7%。三季度研发投入 10.91 亿元，同比增长 77.5%，创下历年新高。目前，百度大约有 41 万活跃的网上营销客户，与 2012 年同期相比增长近 27.7%。值得关注的是,该季度百度系分发平台 APP 日均分发总量超过 8000 万，百度移动搜索日活跃用户数超过 1.3 亿，围绕移动搜索、LBS、应用分发和移动视频四大移动战略方向取得了迅猛增长，显示出百度移动业务的长足后劲，而不断加大的研发力度也为移动领域的未来发展奠定了基础。

表 31-1　百度 2007—2013 财年利润情况

财务指标 / 财年	营业收入情况		净利润情况	
	营业收入（亿元）	增长率（%）	净利润（亿元）	增长率（%）
2007	17.44	108.2%	6.29	108.4%
2008	31.98	83.3%	10.97	100.4%
2009	44.48	39.1%	16.05	46.3%
2010	79.15	78.0%	35.25	137.4%
2011	145.01	83.2%	66.39	88.3%
2012	223.06	53.8%	110.51	45.9%
2013Q3	88.92	42.3%	30.48	1.3%

资料来源：百度财报，2014 年 1 月。

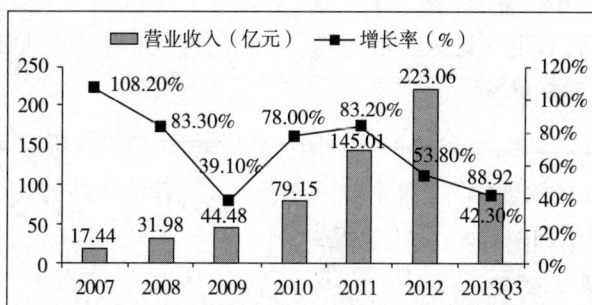

图31-1　百度2007—2013财年营业收入增长情况

资料来源：百度财报，2014 年 1 月。

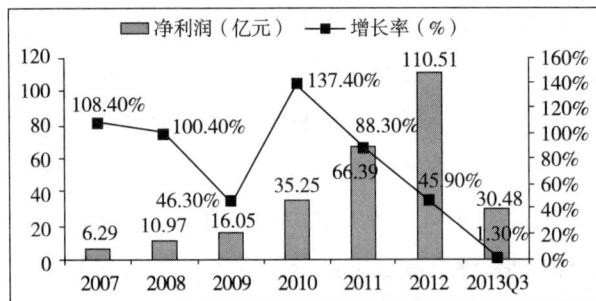

图31-2 百度2007—2013财年净利润增长情况

资料来源：百度财报，2014年1月。

二、企业发展策略

（一）自主创新战略

2009年，百度推出全新的框计算技术概念，并基于此理念推出百度开放平台，帮助更多优秀的第三方开发者利用互联网平台自主创新、自主创业，在大幅提升网民互联网使用体验的同时，带动起围绕用户需求进行研发的产业创新热潮，对中国互联网产业的升级和发展产生巨大的拉动效应。

在通过技术创新不断满足用户的移动搜索需求的同时，百度也在继续积极推动移动云生态系统的建设和发展，与产业实现共赢。2012年9月，百度面向开发者全面开放包括云存储、大数据智能和云计算在内的核心云能力，为开发者量身定制从开发到运营的"七种武器"，为开发者提供更强大的技术运营支持与推广变现保障，以帮助他们在移动云时代获得更好的收益和成长。同时，通过持续的商业模式创新，百度正进一步带动整个互联网行业和中小企业的经济增长，推动社会经济的发展和转型。

2013年1月，百度建立Institute of Deep Learning(简称IDL)研究院，其将专注于Deep learning(深度学习)技术。该技术是人工智能领域的一个新的算法和突破，将被广泛应用到图像和语音识别等方面。

（二）并购、合作战略

2012年11月2日晚，百度宣布收购美国私募公司普罗维登斯资本(Providence

Equity Partners）所持有的爱奇艺股份。2013年5月7日，百度又宣布以3.7亿美金收购PPS视频业务全部股份，并将PPS视频业务与爱奇艺进行合并。双方业务合并后，全平台用户规模、时长均达到行业第一，爱奇艺将成为中国最大的网络视频平台。

2013年8月14日，百度宣布以18.5亿美元完成收购91无线，91无线将成为百度的全资附属公司，并作为独立公司运营。交易完成后，该案标的额将超过2005年雅虎对阿里的10亿美元投资，成为中国互联网有史以来最大的收购案。尽管百度拥有40余款移动应用，也在过去两年内相继投资或收购了多家互联网公司，但百度始终缺乏"重量级"的移动互联网入口。不过，在百度完成收购91无线之后，在移动搜索与移动市场双向发力的百度似乎可以在移动端更有一些信心。8月23日下午，百度洽购糯米的消息尘埃落定：百度将向人人旗下的糯米网战略投资1.6亿美金，以获取约59%的股份。

第三十二章　腾讯

一、总体发展情况

腾讯科技（深圳）有限公司（以下简称腾讯）成立于 1998 年 11 月，是互联网综合服务提供商之一。2004 年 6 月 16 日，腾讯在香港联交所主板公开上市。目前，腾讯已是亚洲第一大，全球第三大互联网企业，仅次于谷歌和亚马逊。并于 2012 年占据互联网信息服务收入前百家企业排行榜榜首，借此成为中国用户最多的公司。

腾讯为用户提供"一站式在线生活服务"，提供互联网增值服务、移动及电信增值服务和网络广告服务。通过即时通信 QQ、微信、腾讯网（QQ.com）、腾讯游戏、QQ 空间、无线门户、搜搜、拍拍、财付通等网络平台，腾讯打造的网络社区，满足互联网用户沟通、资讯、娱乐和电子商务等方面的需求。截至 2012 年 12 月 31 日，QQ 即时通信的活跃账户数达到 7.982 亿，最高同时在线账户数达到 1.764 亿。腾讯的发展深刻地影响和改变了数以亿计网民的沟通方式和生活习惯，并为中国互联网行业开创了更加广阔的应用前景。

目前，腾讯 50% 以上员工为研发人员。腾讯在即时通信、电子商务、在线支付、搜索引擎、信息安全以及游戏等方面都拥有了相当数量的专利申请。2007 年，腾讯投资过亿元在北京、上海和深圳三地设立了中国互联网首家研究院——腾讯研究院，进行互联网核心基础技术的自主研发。

腾讯 2012 财年的营业收入为 438.94 亿元，同比增长 54%；实现净利润为 127.85 亿元，同比增长 25%。互联网增值服务收入 319.95 亿元，比 2011 年同期增长 38.9%；移动及电信增值服务收入 37.23 亿元，同比增长 13.8%；网络广告收入 33.82 亿元，同比增长 69.8%；电子商务交易收入 44.28 亿元。2012 年，智能手机的快速普及给互联网行业带来了新的发展机遇，腾讯在移动互联网产品领域进行的大量投资初现成效。目前，腾讯提供了多款在国内广受欢迎的智能手机应用，涵盖通信、社交、网页浏览、游戏、新闻和音乐等领域。

2013 年第三季度，腾讯实现营收 155.35 亿元，同比增长 34.3%；实现净利润 38.67 亿元，同比增长 20.1%。增值服务收入 116.35 亿元，同比增长 24.9%；网络业务收入 13.9 亿元，同比增长 36.9%；电子商务交易业务收入 23.53 亿元，比 2012 年同期增长 108.1%。

表 32-1　腾讯 2007—2013 财年利润情况

财务指标 财年	营业收入情况		净利润情况	
	营业收入 （亿元）	增长率 （%）	净利润 （亿元）	增长率 （%）
2007	38.21	36.4%	15.68	47.4%
2008	71.55	87.2%	28.16	79.6%
2009	124.40	73.9%	52.22	85.4%
2010	196.46	57.9%	81.15	55.4%
2011	284.96	45.0%	102.25	26.0%
2012	438.94	54%	127.85	25%
2013Q3	155.35	34.3%	38.67	20.1%

资料来源：腾讯财报，2014 年 1 月。

图32-1　腾讯2007—2013财年营业收入增长情况

资料来源：腾讯财报，2014 年 1 月。

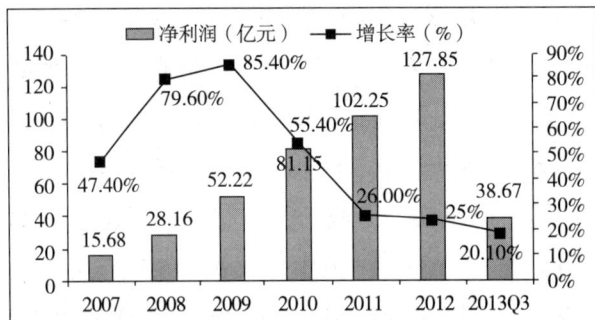

图32-2　腾讯2007—2013财年净利润增长情况

资料来源：腾讯财报，2014年1月。

二、企业发展策略

（一）抢占移动互联网入口

2013年，在广泛的手机应用类别中，如通信、社交网络、媒体、信息安全及浏览器，腾讯都占据重要的地位。腾讯成功开发出多款深受消费者欢迎的手机应用，并通过手机QQ和微信，快速占领移动互联网入口，开展移动互联网业务。同时，腾讯继续扩大投资于移动互联网相关的产品和服务的开发和推广，如安全产品及网络浏览器，通过逐步将一些新的应用和内容服务（如移动支付、移动游戏等）与微信进行整合，并借助用户的社交网络联系优化用户体验。

随着腾讯核心平台用户的持续扩充，其在社交平台的领导地位得以加强和巩固。此外，腾讯亦加快了各种平台的整合，进一步提升了用户的参与度及加强以PC为主的平台的移动化。同时，腾讯的开放平台持续增长，并为用户及第三方开发创造价值。

（二）重组、并购战略

2012年5月，腾讯公司宣布将业务系统重组为6个新的事业群及一个专门从事电子商务业务的全资附属公司。重组后，腾讯进一步优化了资源分配，提升企业的执行效力和创新能力，并能够更专注于满足用户不断增长的个性化需求。现在各事业群正持续在新的组织架构下发挥全公司的协同效应。

　　腾讯的业务日益受惠于投资其产品或服务可与腾讯的产品或服务良性互补的公司。例如，Riot Games 的英雄联盟广受游戏爱好者的好评，这不仅加强了腾讯在网络游戏市场的产品组合，也拓宽了其在全球游戏市场的收入来源。2012 年，腾讯继续选择性地投资于可望并有能力为彼此带来长期战略性收益的公司和项目，特别是那些可以为腾讯的平台提供顶级产品的合作伙伴，以及可以推进互联网行业演变的公司。例如，腾讯收购了 Epic Games 的部分股权，后者是一家在开发流行游戏方面有着悠久历史和良好口碑的美国公司，并拥有市场上领先的游戏开发引擎技术；腾讯亦收购了 Kakao 的若干股权，Kakao 是韩国领先的移动信息服务提供商。

　　此外，腾讯公司继 2011 年 12 月首次进行国际债券发行后，于 2012 年 9 月，完成了 6 亿美元优先无抵押票据的发售。

第三十三章　启明星辰

一、总体发展情况

北京启明星辰信息技术股份有限公司（以下简称启明星辰）成立于1996年，是拥有完全自主知识产权的网络安全产品、可信安全管理平台、安全服务与解决方案的综合提供商。2010年6月23日，启明星辰在深交所中小板正式挂牌上市。启明星辰现已成为国家认定的企业级技术中心、国家规划布局内重点软件企业，拥有最高级别的涉及国家秘密的计算机信息系统集成资质，并获得国家火炬计划软件产业优秀企业、中国电子政务IT100强等荣誉，是中国自主创新10大影响力品牌。

启明星辰拥有目前我国规模最大的国家级网络安全研究基地。创造了百余项专利和软件著作权，参与制订国家及行业网络安全标准，填补了我国信息安全科研领域的多项空白。完成包括国家发改委产业化示范工程，国家科技部863计划、国家科技支撑计划等国家级科研项目近百项。

自2002年起，启明星辰就持续保持国内入侵检测、漏洞扫描市场占有率第一。近年来，发展成为国内统一威胁管理、安全管理平台国内市场第一位，安全性审计、安全专业服务市场领导者。启明星辰拥有完善的专业安全产品线，横跨防火墙/UTM、入侵检测管理、网络审计、终端管理、加密认证等技术领域，共有百余个产品型号，并根据客户需求不断增加。启明星辰解决方案为客户的安全需求与信息安全产品、服务之间架起桥梁，将客户的安全保障体系与信息安全核心技术紧密相连，帮助其建立完善的安全保障体系。目前，公司在全国各省市自治区设立三十多家分支机构，拥有覆盖全国的渠道和售后服务体系。

作为信息安全行业的领军企业，启明星辰以用户需求为根本动力，研究开发了完善的专业安全产品线。通过不断耕耘，已经成为政府、电信、金融、能源、交通、军队、军工、制造等国内高端企业级客户的首选品牌。启明星辰在政府和军队拥有 80% 的市场占有率，为世界五百强中 60% 的中国企业客户提供安全产品及服务；在金融领域，启明星辰对政策性银行、国有控股商业银行、全国性股份制商业银行实现 90% 的覆盖率。在电信领域，启明星辰为中国移动、中国电信、中国联通三大运营商提供安全产品、安全服务和解决方案。

启明星辰 2012 财年的营业收入为 7.28 亿元，比上年同期增长了 70.69%；实现净利润为 7364.60 万元，同比增长 20.72%。业绩增长的主要原因是本年度公司业务增长及与网御星云实现重组所致。截至 2013 年第三季度，实现营业收入 4.94 亿元，同比增长 40.54%；实现净利润为负 3208.1 万元，同比增长 4.71%。受经营的季节性因素影响，导致前三季度亏损；研发投入 8318.01 万元，同比增长 85.03%。主要用于新一代产品的研究与开发，以保持企业持续技术创新能力。

表 33-1 启明星辰 2007—2013 财年利润情况

财务指标 财年	营业收入情况		净利润情况	
	营业收入 （亿元）	增长率 （%）	净利润 （亿元）	增长率 （%）
2007	2.36	无	3903.92	无
2008	2.73	15.7%	4714.11	20.8%
2009	3.04	11.4%	5291.49	12.3%
2010	3.67	20.7%	6177.76	16.8%
2011	4.26	16.2%	6100.56	1.8%
2012	7.28	70.69%	7362.6	20.72%
2013Q3	4.94	40.54%	-3208.1	4.71%

资料来源：启明星辰财报，2014 年 1 月。

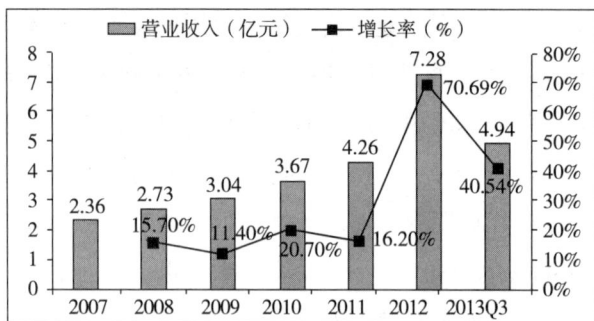

图33-1 启明星辰2007—2013财年营业收入增长情况

资料来源：启明星辰财报，2014年1月。

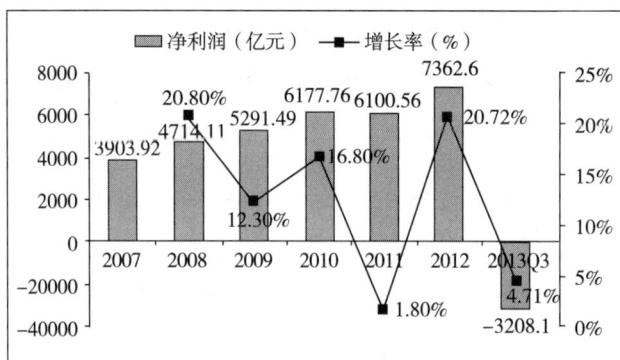

图33-2 启明星辰2007—2013财年净利润增长情况

资料来源：启明星辰财报，2014年1月。

二、企业发展策略

启明星辰是一家拥有完全自主知识产权的信息安全企业,经过十六年的发展,通过为客户提供网络安全产品、安全管理平台、安全服务与解决方案,成为国内最具技术创新和产品开发实力的领导厂商之一。2012年,启明星辰与网御星云成功实现重组,从而大大提升了核心竞争力。

（一）强化信息安全产品线

到目前为止,防火墙产品仍然是信息安全市场规模最大的一个细分市场,由于公司在防火墙领域起步较晚，产品竞争力和品牌知名度尚不具备竞争优势。而网御星云拥有多年的防火墙产品研发和市场拓展经验，拥有从低端 Soho 级到高端万兆级极具竞争实力的防火墙产品线，是国内防火墙产品线的领导厂商之一。这对丰富公司防火墙产品线和提升公司市场拓展能力具有十分重要的意义。发展在性能指标、检测效率、质量可靠性、检测准确性上都在国际上领先的 UTM 产品，是公司的重要业务目标。

（二）挖掘客户需求

网御星云是军队、武警、军工企业防火墙和 UTM 产品的主要供应商，同时在部分政府机构、部分国有大型企业集团、部分科研院所和教育行业市场中拥有很高的市场知名度和品牌忠诚度，公司在上述领域中的客户群可以进一步形成整合优势，这将进一步加强公司在政府、国企、教育、科研等领域的客户影响力和品牌知名度。网御星云在全国省、市、县拥有众多优秀的客户群体，特别是在公司市场力量薄弱、品牌知名度不高的部分区域，具有显著的市场竞争优势。这也是对公司区域客户群的重要补充。

（三）信息安全渠道管理和渠道体系

在多年市场拓展中，启明星辰建立了一套符合自身业务需要的较为完整的信息安全渠道管理规范和覆盖全国的精细化渠道管理体系，目前拥有上百家代理商和战略合作伙伴，能够覆盖到全国二三级城市及部分四级城市，渠道分销体系具有较高的业务稳定性和品牌忠诚度，也是企业的核心竞争力之一。

（四）强化技术创新和产品化能力

在多年发展中，启明星辰集聚了一批经过多年历练的技术创新型人才，特别是有一批能够快速将技术转化为有竞争力的产品的专业人才，同时经过多年的技术创新与产品研发，在信息安全领域已拥有众多核心技术，并先后申请专利达41 项。这些高级人才和专利技术，将显著增强公司的技术创新和技术转化能力。

第三十四章 卫士通

一、总体发展情况

成都卫士通信息产业股份有限公司（以下简称卫士通）于 1998 年成立，是中国信息安全产业中的骨干企业之一，公司员工 700 余人。公司建立了完善的营销服务网络，成立了北京分公司和上海、深圳、沈阳、四川、广州 5 个控股子公司，在全国各地设立了近 30 个办事处机构。并于 2008 年 7 月成功上市，成为中国"信息安全第一股"，是国内首家专业从事信息安全的股份制企业。十余年的技术人才积淀以及资本市场的影响力，打造了在信息安全领域"国家队"的品牌。卫士通具有商密产品研制、生产、销售定点企业资质，具有涉密计算机信息系统集成资质（甲级）和计算机信息系统集成二级资质。

卫士通经过十余年的耕耘，从核心的密码技术应用持续拓展，发展成为拥有三大类产品体系、近 20 个产品族类、100 余个产品 / 系统的国内最大信息安全产品供应商。以完整的产品线优势，基于 ISSE 体系框架为党政、军工、电力、金融以及其他大型企业集团、中小企业及事业单位等用户提供以"安全咨询、安全评估、安全建设、安全运维"为主要内容的信息系统全生命周期的安全集成与服务。

此外，公司基于安全特色进行了同心多元化业务拓展，以业务转型、新行业、新市场开拓、资本运作为策略，在大数据、云计算、两化融合、移动互联网、物联网等新技术领域积累了宝贵经验。目前已经在电子支付领域再度打造了新的竞争优势，控股子公司摩宝网络成功取得人民银行颁发的第三方支付牌照。

卫士通公司 2012 年的营业收入为 3.17 亿元，同比下降 37.56%；实现净利润

1787.23 万元，同比下降 79.34%；公司 2012 年研发支出 5136.44 万元，研发支出占营业收入的比例为 16.18%，较 2011 年增长 32.42%。由于宏观经济上行压力较大，市场需求不足，加之公司控股股东三十所根据政策要求，对安全保密产品的技术体制进行升级换代，暂停部分产品的研制和生产，卫士通公司集成该类产品的集成业务受到影响，导致公司 2012 年度经营业绩出现较大幅度下降。

截至 2013 年第三季度，实现营业收入 2.15 亿元，同比增长 9.47%；实现净利润 537.6 万元，同比增长 29.74%。宏观经济开始呈现触底回升的态势，总体形势略好于 2012 年同期，但经济增长依然面临内生动力不足、消费疲软、市场需求乏力等诸多挑战，电子与信息产业的回暖趋势也同样受此影响，加之上半年往往是信息安全行业的销售淡季，故销售、生产、采购等业务量都较少，导致企业的生产经营上行压力较大。

表 34-1　卫士通 2007—2013 财年利润情况

财务指标 财年	营业收入情况		净利润情况	
	营业收入 （亿元）	增长率 （%）	净利润 （亿元）	增长率 （%）
2007	2.01	22.6%	3970.00	70.7%
2008	2.11	5.0%	3980.00	5.0%
2009	2.69	27.5%	4200.00	5.5%
2010	3.78	40.5%	7020.00	67.1%
2011	5.08	34.4%	8600.00	32.9%
2012	3.17	37.56%	1787.23	−79.34%
2013Q3	2.15	9.47%	537.6	29.74%

资料来源：卫士通年财报，2014 年 1 月。

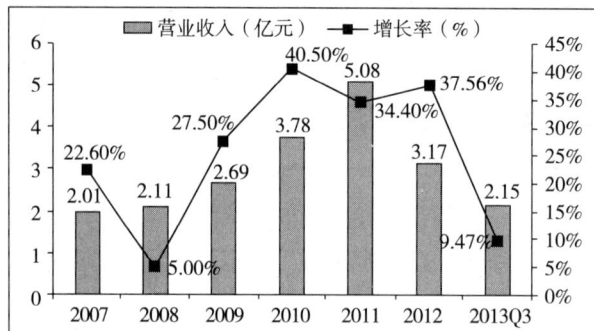

图34-1　卫士通2007－2013财年营业收入增长情况

资料来源：卫士通财报，2014年1月。

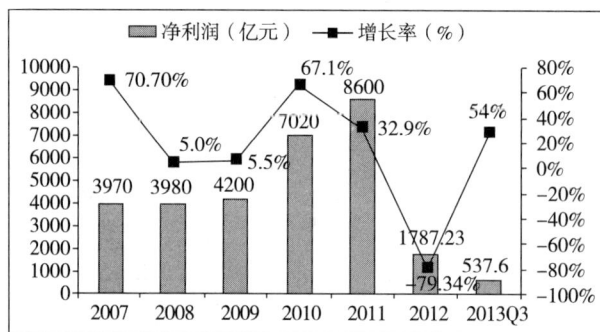

图34-2　卫士通2007－2013财年净利润增长情况

资料来源：卫士通财报，2014年1月。

二、企业发展策略

（一）深入拓展系统集成业务

2013年，卫士通深挖信息安全业务市场潜力，进行业务转型，在重点着眼安全集成与服务的同时，大力发展系统集成业务，同时继续深化安全集成业务发展战略，全力发展以集成带动自主产品销售的模式，在等级／分级保护市场及电子政务、军工、电子商务领域加大拓展力度，依托公司领先的信息安全整体解决方案和服务能力、完整的主流信息安全产品线、完善的营销和服务体系，巩固公司在该领域的优势地位。

　　成功签订海澜之家更新项目、青海教育信息化项目和中国石油天然气科研产业化项目信息化系统工程等合同，进一步拓展了公司的系统集成业务领域。

（二）自主核心产品领域

　　继续扩大卫士通长期在商用密码等信息安全核心技术应用领域进行技术研究和拓展，已积累深厚的技术实力。经过十多年的发展，公司在加密、认证、授权、桌面管理、终端安全、文档安全、商用 VPN、综合安全网关、防火墙等领域形成了一系列具有自主知识产权和品牌的产品和系统。2013 年，卫士通在安全数据库、安全中间件等基础类安全产品、下一代防火墙等网络与边界安全类产品方面进行了研发和技术储备。同时，公司在企业信息化市场如"数字城市"、"数字企业"、"智慧园区"等领域积极开拓。

（三）积极拓展新业务领域

　　目前，卫士通是中国云计算技术与产业联盟单位，2011 年卫士通牵头云计算安全组内 5 家成员单位开展行业调研，编制研究报告，开展试点工程。2013 年，工作组加强了组织建设，成员单位增加到 7 家以上。为了解决传统 IT 架构下的数据分散、数据防护困难、系统维护复杂等问题，公司推出了安全桌面云这一基于云计算和虚拟化的 IT 安全解决方案，使用该解决方案，客户可以方便的实现业务数据大集中、数据的高安全性、应用系统高可靠性以及控制 IT 管理和维护成本等目标。

展望篇

第三十五章　2014年中国软件产业发展形势

2014 年，全球经济虽有望回稳，但仍将处于弱势复苏阶段，国内经济仍面临经济增长放缓的挑战。信息消费、宽带中国等政策的出台使 2014 年成为产业政策红利不断的一年，将为中国软件产业发展进一步营造良好环境。另外，智慧城市建设热潮以及云计算、移动互联网、大数据等新兴领域应用加速落地为产业发展提供了新动力。

一、国际形势

2013 年，受欧元区经济持续衰退和主要新兴市场经济国家经济增长缓慢影响，全球经济增长乏力，仍处于弱势复苏阶段。美国经济继续以"缓慢到温和"的步伐复苏，个人消费、房地产、制造业、信贷、出口等经济活动均对温和复苏产生一定贡献，但长期失业率达到历史高点。欧洲经济仍未摆脱欧债危机的影响，经济衰退比预期严重。其中，德国经济增长出现停滞；法国、意大利 GDP 持续收缩，陷入经济衰退；西班牙则进入经济深度衰退期。日本经济在日元贬值以及日央行强力货币刺激措施的推动下出现复苏，但经济增速小于预期，并面临财政刺激措施难以持续的风险。新兴市场经济体受困于国内产能约束、信贷增长慢、外部需求疲软等因素，增长普遍放缓。

2014 年，世界主要经济体的经济基本面趋向好转，但仍面临经济下行的风险，包括欧元区面临的金融风险，美联储缩减购债规模可能导致金融市场动荡，新兴市场经济体由于增长前景减弱和信贷弱化可能经历更长时间的经济下滑。国际货币基金组织（IMF）在最新的《世界经济展望》报告中预测，2013 年全球增长仍将处在略高于 3% 的水平，2014 年全球增长为 3.75%，均比上一次的预测低 0.25 个百分点。IMF 同时预计，美国经济受惠于房地产市场复苏和宽松的金融环境，增速将从 2013 年的 1.75% 加快到 2014 年的 2.75%；日本 2013 年经济增长受通融性政策影响将达 2%，2014 年经济增长受全球市场需求疲软影响增速将下降到 1.25%；欧元区 2013 年仍处于经济衰退阶段，2014 年，在主要领域政策实施的拖延、复苏延迟的基数效应等因素推动下，经济增长将上升到略低于 1% 的水平；巴西、俄罗斯、印度、中国、南非等新兴市场经济国家 2013 年增长 5%，2014 年增长 5.5%。均低于上次预测 0.25 个百分点。IMF 还预测，中国 2013—2014 年经济增长率平均将为 7.75%，比上一次预测分别下调 0.25 和 0.5 个百分点。外部经济的不景气尤其是作为国际市场消费主体的美国、欧盟等发达经济体复苏缓慢，将直接导致外部需求增长乏力，使中国软件产业出口市场需求萎缩，软件企业市场开拓面临较大困难。

二、国内形势

（一）整体发展形势

2013 年，受国际经济不景气、经济结构性失衡、经济潜在增长率下行、国内经济由投资主导向消费主导转型调整等多因素影响，中国经济增长延续稳中趋缓态势。在 2012 年创下近 13 年最低经济增长率 7.8% 后，2013 年上半年，中国经济继续放缓，GDP 同比增长 7.6%，比 2012 年同期低 0.2 个百分点，其中一季度为 7.7%，二季度为 7.5%。根据国家统计局公布的宏观经济数据，8 月份，CPI 同比上涨 2.6%，PPI 同比下降 1.6，规模以上工业增加值同比实际增长 10.4%，全国固定资产投资（不含农户）同比名义增长 20.3%，社会消费品零售总额同比名义增长 13.4%。

2014 年，中国经济增长机遇与挑战并存，仍面临着下行的风险。一方面，大型公共项目建设的加快、新型城镇化的逐步展开、信息消费等新消费需求的释放、固定资产投资和居民消费需求的逐渐活跃、结构改革政策效应的逐步显现等都将为中国经济增长带来机遇。另一方面，全球经济持续疲软、经济转型调整、内需增长乏力、通胀压力抬头、CPI 和 PPI 持续背离导致的政策调控难度加大、信贷快速增长、脱媒现象增加、人民币升值等都是中国经济增长面临的重要挑战。在稳增长、调结构、促改革政策的逐步实施以及经济发展活力逐步增强等推动下，预计2014年中国经济将出现企稳回升的势头。经济合作暨发展组织（OECD）在最新《全球经济展望》报告中，将中国2013年经济增长率预估从之前的8.5%下调至7.8%，主要原因是全球经济增长乏力导致中国内需走软。OECD同时预测，随着财政政策和货币政策支持力度升温，中国经济增长率到2014年将回升至8.4%。宏观经济回暖将为软件产业发展营造良好的外部环境。

（二）政策环境形势

2014年是各项软件产业政策加速落地实施的重要时期，将为中国软件产业发展营造良好环境。为适应产业发展的新形势、新变化，更好地落实4号文的软件产品增值税政策，2013年2月，工业和信息化部会同国家发展和改革委员会等部门发布了《软件企业认定管理办法》(工信部联软〔2013〕64号)(以下简称《办法》)。《办法》进一步明确了企业认定范畴，调整了认定条件和标准，优化认定程序，推进双软认定工作。随着智能手机、平板电脑、语音服务、互联网接入服务、软件应用服务等信息消费日益活跃，2013年8月，国务院印发《关于促进信息消费扩大内需的若干意见》(国发〔2013〕32号)，信息消费上升到国家重大战略层面，发展信息消费成为拉动内需的经济增长热点，同时也将促进经济结构调整和产业转型升级。软件和信息技术服务是信息消费的重要组成部分，也是信息生产、流通、消费的核心引擎，因此，该政策将更好地发挥软件的支撑和引领作用，为软件产业创造广阔的市场空间。为了加快我国宽带基础设施建设、优化信息技术发展与应用环境、支持并推动现代信息技术产业的快速发展，2013年8月1日，国务院印发《"宽带中国"战略及实施方案》。这一方案将推动国内软件和信息技术服务企业利用宽带网络优势提高产品与服务的市场竞争力，促进软件产业发展。

为了适应新兴领域快速发展的需要，产业政策更加聚焦云计算等新兴领域。2012年，国务院出台的《十二五国家战略性新兴产业发展规划》、工业和信息化部制定的《软件和信息技术服务业"十二五"发展规划》，均支持云计算、物联网等新兴领域发展。2012年9月，科技部公布首个部级云计算"十二五"规划——《中国云科技发展"十二五"专项规划》，提出突破一批关键技术，支撑重点区域、行业开展典型应用示范，推动实现云计算产品和服务产业化。2013年2月，国务院发布《关于推进物联网有序健康发展的指导意见》正式出台，对未来我国物联网发展提出新的目标，并提出六大措施来为物联网发展保驾护航，从政策层面为物联网产业的发展框定了一个蓝图。2013 年 8 月发布的《关于促进信息消费扩大内需的若干意见》（国发〔2013〕32 号）提出全面推进三网融合以加快信息基础设施的优化升级，并提出拓展云计算、物联网、移动互联网等新兴信息服务业态，培育信息消费需求。《关于印发"宽带中国"战略及实施方案的通知》（国发〔2013〕31 号）也对云计算等新兴领域发展予以支持。

表 35-1　2012—2013 年中国软件产业发布的主要政策

序号	政策名称	政策文号	发布日期	发布机构	政策类型
1	《软件和信息技术服务业"十二五"发展规划》		2012年4月6日	工业和信息化部	综合性政策
2	《财政部国家税务总局关于进一步鼓励软件产业和集成电路产业发展企业所得税政策的通知》	财税〔2012〕27号	2012年4月20日	财政部、国家税务总局	财税政策
3	《十二五国家战略性新兴产业发展规划》	国发〔2012〕28号	2012年7月20日	国务院	综合性政策
4	《关于〈国家规划布局内重点软件企业和集成电路设计企业认定管理试行办法〉的通知》	发改高技〔2012〕2413号	2012年8月9日	发改委	行业管理
5	《中国云科技发展"十二五"专项规划》	国科发计〔2012〕907号	2012年9月18日	科技部	重点专项支持
6	《关于推进物联网有序健康发展的指导意见》	国发〔2013〕7号	2013年2月17日	国务院	重点专项支持
7	《软件企业认定管理办法》	工信部联软〔2013〕64号	2013年2月28日	工业和信息化部	行业管理
8	《关于印发"宽带中国"战略及实施方案的通知》	（国发〔2013〕31号）	2013年8月1日	国务院	综合性政策

（续表）

序号	政策名称	政策文号	发布日期	发布机构	政策类型
9	《关于促进信息消费扩大内需的若干意见》	国发〔2013〕32号	2013年8月8日	国务院	综合性政策

资料来源：赛迪智库，2014年3月。

此外，智慧城市建设热潮将为软件产业带来巨大发展空间。2012年全国有320个城市投入智慧城市建设，共计投入3000亿元。国家住建部在2013年年初公布了90个首批国家智慧城市试点名单，并在8月份公布103个第二批国家智慧城市试点名单。随着政府扶持政策的逐步落地，智慧城市建设将在2014年进入集中建设期，将直接拉动万亿IT投资，为数字城市、智能交通、数字城管、平安城市等领域的软件和信息技术服务企业带来大额政府订单。数据显示，智慧城市从2013年起每年在IT领域的支出额将超过1000亿元。其中，对软件和信息技术服务的需求增幅高于硬件，达20%以上。

云计算、移动互联网、大数据等新兴领域伴随应用逐步落地，进入加速发展期，为产业发展提供新动力。信息安全、安防应急在政策支持和市场需求的双重驱动下，也将实现快速发展。金融信息化、医疗信息化、建筑行业信息化、三网融合等领域在政策驱动下，也将为中国软件产业创造较大市场空间。

第三十六章　2014年中国软件产业发展展望

2013 年以来，受外部经济不景气影响，中国软件产业保持平稳增长，增速出现回落，但高于电子信息制造业增速，同时软件出口面临较大挑战，延续低位增长。展望 2014 年，中国软件产业既面临金融等领域国内信息化投资加速、云计算等新兴领域活力不断释放、产业政策带动效应逐步显现、IT 消费需求旺盛、软件服务化转型加快等机遇，又面临国内外经济形势的不景气、国际竞争加剧、国内恶性竞争频繁发生等挑战。整体来看，2014 年中国软件产业整体将保持平稳增长，规模持续扩大，产业服务化深入发展，各行业领域表现不一。

一、整体运行发展展望

（一）产业保持平稳增长，总产值有望突破4万亿元

宏观经济的弱复苏使全球 IT 支出面临增速下降的风险。鉴于美元汇率波动和全球 PC 市场需求萎缩的影响，知名市场调研机构 Gartner 下调了 2014 年年全球 IT 支出增速。Gartner 预测，2014 年全球 IT 支出预计将达到 3.8 万亿美元，与 2013 年 3.7 万亿美元的支出相比，增长 3.1%。其中，亚太地区的 IT 支出在 2014 年预计将达到 7580 亿美元，比 2013 年高 4.2%。中国的 IT 支出预计将达到 2.13 万亿元人民币，比 2013 年增长 6.73%，为相关企业带来大量的业务机会。

尽管市场需求疲软，2011 年 1 月国务院颁发的 "4 号文" 加速落实以及《关于促进信息消费扩大内需的若干意见》（国发〔2013〕32 号）的逐步落地将优化中国软件产业发展环境，拓宽产业的发展空间。2012 年中国软件产业规模达 2.5

万亿元，2013年1—1月达到2.84万亿元，2014年中国软件产业规模则有望达到4万亿元，在全球软件产业中的地位将进一步提升。

（二）信息化投资加速带动，软件服务化深入发展

国内信息化建设正步入深度应用的新阶段，金融、医疗、电力、建筑等行业信息化投资正值高峰期，成为推动信息技术服务市场持续增长的重要驱动因素。金融行业对IT系统需求迅速增长，预计在近两三年新增约20亿元交易系统需求；医疗行业将产生大量卫生医疗系统信息化建设的IT采购项目；电力信息化投资增速预计达20%以上。

2013年以来，信息技术咨询服务、数据处理和存储服务等服务类收入增速放缓，进入平稳增长新阶段，但收入总额占软件业务收入比重持续上升，从2012年同期的49%提高到当前的约52%。从城市发展看，中心城市在信息技术服务业务方面领跑全国，成为服务类收入增长的重要引擎。百度、腾讯、用友等IT企业纷纷加快服务化转型，将信息技术服务作为实现可持续发展的重要途径。

2014年，智慧城市建设将加速推进交通、城市管理、安防、医疗等领域信息技术服务的需求；云计算服务、基于物联网的服务、基于移动互联网的服务等新兴市场需求将不断释放。预计信息技术服务将继续保持平稳增长，占总收入的比例将达50%以上。

（三）新兴领域加速发展，成为产业发展的新引擎

云计算、移动互联网、大数据、地理信息等新兴领域伴随应用逐步落地，进入加速发展期，活力不断释放，成为产业发展的新动力。2014年我国云计算将实现快速增长，年均增长率将达70%以上；政策持续加码信息安全，预计"十二五"期间，信息安全行业仍将保持30%左右复合增长，内网安全市场正值加速发展期；移动终端功能的完善和渗透率的提升，将推动移动互联网消费级市场和企业级移动应用市场在未来2—3年进入高速发展阶段；数据的爆发式增长将为大数据业务提供一个巨大的市场，我国本土数据库、商业智能分析等领域厂商将获益。同时，新型智能设备等领域也将向软件和信息技术服务业提出新需求。

（四）并购重组步伐加快，软件领域洗牌加剧

全球信息技术产业领域并购不断掀起热潮，IBM、微软、甲骨文、SAP 等国际大企业都主导了大规模并购，并通过并购加紧云计算、物联网、移动互联网等新兴领域的布局。相比之下，国内软件企业并购显得不温不火。

2011 年出台的"4 号文"将并购重组作为推动产业做大做强的重要手段，鼓励软件企业通过并购重组实现资源整合、优势互补，并鼓励大中型企业剥离信息技术研发应用业务机构，进行重组。该政策为国内软件企业并购重组创造了条件。

2011 年 12 月至 2012 年 11 月，中国软件产业共发生并购案例 124 起，重点并购领域为信息技术咨询与其他服务领域、互联网软件与服务以及应用软件。预计 2014 年信息技术咨询企业仍将利用自己的优势地位进一步加强产业资源整合的步伐，将并购作为向一体化、集成化信息技术服务提供商转型提升、获取更高一级资质认证的重要途径。

（五）收入和成本倒挂现象有望得到改善

近年来，我国软件和信息技术服务领域的上市企业毛利率逐步下降，利润空间持续萎缩。其中，收入增速放缓和费用成本刚性增长是行业空间持续萎缩的主要原因。

自 2010 年以来，软件和信息技术服务企业的销售费用和管理费用的增速在逐年放缓。人力成本是软件和信息技术服务企业的主要成本之一，其刚性上升是企业管理费用增速居高不下的主要原因。过去 10 年，人均工资的上涨一直维持在每年 6%~16% 的增幅，直接影响了软件和信息技术服务业的净利润。经过近几年的高速增长，以及企业管控水平的不断提升，软件企业普遍缩减中低层员工的招聘规模，2014 年，人力成本大幅上涨压力较前两年将大幅缓解，收入增速下降和成本增速提高的倒挂现象将大幅改善。但企业盈利能力的大幅改善还主要依赖下游市场的走势。

二、重点行业发展展望

（一）基础软件产业发展展望

1. 基础软件迎来新一轮的发展机遇

党的十八大报告明确提出，"推出信息化和工业化深度融合，促进工业化、信息化、城镇化、农业现代化同步发展"，智慧城市建设、传统产业升级和社会管理以及信息产业领域自身的创新发展，将为基础软件带来新一轮的发展机会。同时，"棱镜门"事件的发生，为加快国产基础软件在国家重要领域的替代进程提供了动力。

2. 面向新兴领域的产品保持快速发展态势

操作系统领域，用于智能手机、智能电视等智能终端的操作系统将继续保持快速发展态势；中间件领域将继续保持上扬态势，国产厂商市场份额进一步提高；办公套件领域，基于云计算模式、移动互联网等新兴领域的办公软件将迎来高速发展阶段。

3. 基于开源技术，技术和产品创新不断加速

操作系统领域，随着组件化、模块化技术的不断成熟，操作系统内核将呈现多平台统一的发展趋势。功能将不断增加，逐渐形成平台环境。多核、虚拟化技术和按需操作系统技术是操作系统技术发展的重要趋势。

中间件领域，中间件技术正在呈现出业务化、服务化、一体化、虚拟化、垂直化等诸多新的重要发展趋势。中间件的开发将越来越多地采用一些开源系统和工具，例如 OpenSSL、Linux、Eclipse、Jboss、Tomcat 等。

数据库领域，在大数据和云计算的背景下，数据库架构将由一种架构支持所有应用转变为用多种架构支持多类应用。在这一技术变革的作用下，数据库市场分化为 OldSQL（传统数据库）、NewSQL（新型数据库）和 NoSQL（非关系型数据库）三大阵营。三个阵营都不同程度地采用了分布式计算、分布式文件系统、内存计算技术，并积极地使用大内存、SSD 和高速网络连接（万兆交换机和 Infiniband）等新的硬件技术。

办公套件领域，将从个人应用走向集团办公，向集成化、多媒体化、智能化方向发展，主要表现在功能模块的可定制性、不同应用的多样集成、多种数据模

式的灵活操作、整体安全保密性以及跨平台移植扩展支持等趋势。随着云计算的日益成熟，未来办公模式将转向网络化，适用于随时随地办公和协作办公。

（二）工业软件产业发展展望

1. 工业软件市场规模将延续高速增长态势

作为数字制造技术的核心组成部分，工业软件在两化深度融合的进程中，将扮演越来越重要的作用。随着我国制造业和装备制造业的转型升级进程的推进，对工业软件的要求不断提高，需求不断扩大。根据预测，2014—2015年我国工业软件市场将可保持17.5%的年均复合增长率，预计到2015年市场规模将达到1172.59亿元。

2. 产品研发类和生产过程管理控制类软件成为新的增长点

管理软件市场规模稳步增长。增长动力主要来自两方面：一是中小企业对客户关系管理（CRM）、人力资源管理（HRM）的需求逐步释放；二是大型企业对企业资源计划（ERP）系统和供应链管理（SCM）系统的应用经验逐渐积累，进一步追加投资加深定制化程度。

产品研发类软件市场规模快速扩大。为应对更加激烈的国内外市场竞争，制造业企业需要快速响应市场需求，缩短产品研发周期，因此带动CAD/CAM软件市场快速增长。尤其是三维CAD和CAE技术，将逐渐从航空航天等高端制造业领域，向更多行业领域加速渗透。另一方面，随着产品复杂程度的增加，企业对PDM和PLM软件的需求将进一步释放。

生产过程管理和控制类软件应用推广提速。一方面，数字化生产技术替代传统加工技术的步伐将进一步加快，车间自动化技术在我国制造业中的推广速度将进一步提高。另一方面，为了提高生产线整体效率并改善产品质量控制，以MES为代表的生产过程管理软件的价值引起更多制造业企业的关注。目前市场上的MES系统仍以定制化服务的方式为主。

协同办公软件和协同平台类软件作为单独门类将逐渐消失。随着办公软件和云计算技术的结合，以及互联网和移动互联网技术的演进，协同功能更多的集成进了办公软件或者管理软件当中，协同平台也将被搭建在公共平台上的服务所替代。

3. 工业软件技术向模块化、高集成和互联互通方向演进

管理软件将更加强调功能模块化和组合灵活性，这对其软件架构和数据库技术提出更高要求。以信息技术推动的产业革命正在发生，企业的经营模式和需求随时可能需要调整。然而管理软件多年来根据企业需求深度定制，应对需求突变几乎不可能。因此对于管理软件厂商而言，发展功能模块化、可灵活组合的产品和服务迫在眉睫。另一方面，为适应云计算技术的快速推广，管理软件在虚拟平台上的分布式应用也成为关键技术之一。这一轮技术发展进程当中，有可能诞生云计算架构下的分布式管理软件新标准，代替当前的 ERP 概念。

产品研发类软件将更加突出功能集成和数据集成，软件工具集成技术和数据集成技术，取代功能性研发而成为 PDM/PLM 厂商最重视的核心技术。CAD 软件和 CAM 已经紧密集成，将进一步与 CAE 实现功能集成，同时通过研发更好的数据模型，向 PLM 平台化靠拢。

生产过程管理和控制类软件方面，PLC 应用空间逐步被工控 PC 和物联网解决方案所挤压，工控系统除了功能性和功耗要求，更加强调联网性能要求。另一方面，由于自动化系统暂无统一数据标准，因此生产管理系统不能实现通用性，目前只能一对一定制。可以预见，市场需求必将引导技术走向标准化。以西门子公司为代表的国际巨头正在寻求建立这样的应用标准体系。

（三）信息技术服务业发展展望

1. 全球经济增长呈现弱复苏，带动 IT 支出回暖

2014 年，受美国债务上限、欧元区危机和新兴市场经济体增长持续下滑等因素影响，全球经济前景依然面临着显著的下行风险。但总体看来，危机事件的影响力正在逐渐减弱，全球经济有望出现弱势复苏。国际货币基金组织在近期发布的《世界经济展望》中，预测 2014 年全球经济增长为 3.75%；花旗银行预测 2014 年全球实际 GDP 增长 3.1%；瑞士银行的预测值为 3.4%。国际货币基金组织同时预计，2014 年发展中国家经济增长为 5.4%，其中中国经济增速维持在 7.8% 左右；发达国家经济预计增长 2.1%，其中美国和英国经济增速为 3%。均高于 2013 年的增长水平。宏观经济的弱复苏使全球 IT 支出增幅提升。IDC 预计 2014 年全球 IT 支出将超过 2.14 万亿美元，增长 5.1%，略高于 2013 年的 4.9%，若不计 PC 销售大幅度下降,2014 年全球 IT 开支可能会增长 5.6%。IDC 同时预计,

2014 年中国 IT 总支出将达到 2040 亿美元,增长率为 14.1%,超过日本成为仅次于美国的世界第二大 IT 市场。

2. 新技术加速落地,成为产业发展的新引擎

在市场需求与政策支持的双重驱动下,云计算进入大规模应用阶段,虚拟化、分布式计算、海量数据存储、低功耗芯片、新型嵌入式软件等技术加快产业化。2014 年,我国云计算市场规模预计将达到 1286 亿元,平均复合增长率达 64.6%。大数据分析技术将成企业技术研发的重点,库内分析、内存计算、连续计算、实时流处理等实时处理技术、并行处理技术等将取得突破。此外,深度学习等人工智能领域技术将被广泛的应用于语音识别、图片识别和视频行业。

3. 应用创新和商业模式创新活跃

日趋成熟的云计算技术和移动互联网的普及推动了网络互联需求的增长,网络个性化表达及消费为社交软件、数据挖掘软件、行为分析软件等新一代商业应用软件带来机遇。云计算作为信息资源新的使用和交付模式,颠覆了基础设施与应用外包、第三方托管等传统模式。2014 年,越来越多的信息技术服务公司利用云计算模式向客户提供新的增值服务,云模式将在市场中占据主导地位,基于云计算的应用模式和商业模式创新将持续不断涌现。随着 4G 牌照的发放,2014 年移动互联网的商业模式变得更加清晰,移动视频、移动电子商务、移动游戏、移动广告等商业模式变现能力快速提升。此外,互联网金融将在 2014 年进入爆发阶段,其衍生出的新应用、新模式将逐渐被市场接受和认可。

4. 信息消费带动市场需求增长热潮

信息消费已成为我国经济增长的新引擎,拓展新兴信息服务业态、丰富信息消费内容、拓展电子商务发展空间是培育和扩大信息消费需求的重要手段。信息消费需求空间的扩大将快速带动数字内容、互联网和移动互联网等产业发展。2014 年,预计数字内容产业规模达到 6.15 万亿元,互联网产业规模 6.43 万亿元,移动互联网产业规模实现 2.06 万亿元。同时,信息消费的持续增长将引燃新一轮投资需求,预计 2014 年,新增互联网应用基础设施和平台投资 1800 亿元,物联网平台新增投资 2000 亿元,企业信息化新增投资 390 亿元,信息化平台新增投资 4190 亿元。

（四）嵌入式软件产业发展展望

1. 产业规模保持快速增长

随着移动通信领域、移动互联网领域、消费电子领域、新型工业控制领域、汽车电子领域、医疗电子领域、物联网领域等对嵌入式软件的要求不断提高和需求的不断扩大，2014年中国嵌入式软件产业仍将保持持续快速发展的良好势头，预计年增长率将超过20%，全年的嵌入式软件产业规模将接近6000亿元，成为中国软件产业重要组成部分。

2. 与网络技术、人工智能、跨平台技术等融合发展

嵌入式软件产品的发展趋势是嵌入式软件与网络技术、无线技术、片上系统技术、人工智能技术、跨平台技术融合发展，走向集成化、构件化、标准化、开源化以及开发技能的统一。

面向应用的专用操作系统发展迅速。目前主流的嵌入式操作系统有Windows CE、Palm OS、VxWorks等，它们虽然提供了较为强大的类似于桌面操作系统的功能，但其共同缺点是缺乏应用的高效性、网络连接功能较差，系统对应用程序开发支持相对较弱。伴随着通用型嵌入式实时操作系统的发展，面向应用的、专用的嵌入式实时操作系统成为该领域重要的发展方向。

嵌入式数据库广受关注。随着移动终端设备的不断普及，更多的应用需要实时地收集、存储和处理数据，原有的Oracle或者DB2数据库系统无法满足需求，一些新的嵌入式数据库开始引起企业和用户的高度关注。嵌入式移动数据库将伴随着各种移动智能设备、嵌入式设备快速发展，在各个应用领域也将扮演越来越重要的角色。

3. 软硬件协同技术快速发展，层次化标准逐步建立

嵌入式软件技术的发展对其产业成长产生重大影响。除了全球嵌入式软件呈现软件微型化、网络化和实时性趋势之外，设计的标准化与产品的融合化也将对我国嵌入式软件产业发展产生巨大影响。

软硬件协同技术将快速发展。主要包括软硬件协同说明、协同分析、协同设计、协同模拟以及协同验证等，该技术的突破发展将减少硬件设计风险，缩短嵌入式软件的开发调试时间，同时在协同验证环境中能够及时发现软硬件中存在的主要问题，避免在最后集成测试阶段进行重新调整，很大程度上降低了成本，提

高了资源利用率。

层次化标准的逐步建立。随着市场的商业化，会有更多的共性技术需求，而这些需求也要求有一个公共的设计标准。目前，较早出现的 POSIX 标准已经不能完全满足需要，制订新的标准已经成为各嵌入式操作系统厂家的共识和追求目标。嵌入式操作系统的标准应该是一个层次化的标准，应分别在数据层（数据交换标准）、应用程序层、库、GUI、内核 API 等不同层次分别制订相应标准。

跨平台技术的重要性与日俱增。嵌入式平台多种多样，如何充分利用已有软件成果，增强各种软件的适应性，跨平台技术将成为行之有效的解决方法，并将对嵌入式软件的发展产生深远影响。

4. 移动互联网领域的应用市场不断拓展

移动互联网领域市场不断拓展，迅速增长。随着我国移动互联网进入快速发展期，不仅是用户规模持续快速增长，更重要的是嵌入式应用软件产品和应用服务类型不断增长。随着智能手机和平板电脑等智能终端产品的不断普及，诸如二维码技术以及 AR 技术等新型技术在移动终端产品中开始实现规模化应用。很多传统互联网相关应用服务正在向移动互联网延伸，移动互联网的创新应用正在不断增加。毫无疑问这些都为我国嵌入式软件的发展提供了巨大的市场空间。

云计算产业布局逐步形成，为嵌入式软件产业的发展提供了新的市场空间。随着国内 IT 领域纷纷布局云计算，面向用户的云计算服务市场逐步形成，与之伴随的嵌入式云终端平台也开始在国内出现，国内盛大云平台、阿里云操作系统等国内云计算相关的嵌入式软件产品也相应而生。配合云服务、云应用以及云终端的产生，越来越多的云计算产品和服务在未来将成为嵌入式软件领域新的发展方向。

5. 基于 Linux 的嵌入式软件发展迅速

基于 Linux 的嵌入式软件厂商不断兴起。开源软件在嵌入式应用上广受青睐，Linux 日益成为主流的嵌入式操作系统之一。国内的嵌入式软件厂商大多都以 Linux 为突破口，纷纷开发了各种基于 Linux 的操作系统产品，这些厂商已经形成了一个重要群体，对微软、Symbian 以及 Palm Source 等传统的嵌入式软件厂商形成了巨大挑战。

嵌入式软件企业深入发展行业市场。主流的嵌入式软件厂商都将目光投向了规模更大的行业市场，致力于研究分析不同行业对嵌入式软件开发的特殊需求，推出了面向特定行业的嵌入式软件开发平台。

（五）云计算产业发展展望

1. 云计算市场规模将持续扩大

我国拥有世界上数量最多的中小企业，对于这些处在成长期的中小企业而言，自己投资建立数据中心的投资回报率较低，并且很难与业务的快速成长匹配，而云计算的租用模式正好为这些中小企业提供了合适的解决方案；另一方面，众多的服务器、存储硬件厂商以及软件与服务厂商都希望通过云计算平台将自己的产品与解决方案推广到政府和企业用户中，以便未来能获得更多的市场机会。因此，随着云计算生态链构建的逐步成熟，相关产业链主体将努力在这一轮 IT 浪潮中寻找自身的优势位置，加速自身业务优化升级，助推整体 IT 产业的跨越式增长。预计在未来 5 年内，中国云计算产业年复合增长率将超过 60%。

2. 云计算产业链将呈现软化趋势

在产业规模快速增长的同时，我国云计算产业结构也在不断优化，产业链将呈现软化趋势。2013 年，我国进军公共云服务领域的企业进一步增多。腾讯继阿里和百度之后，正式进入开发者云市场；华为旗下云服务业务正式商用；中国电信和中国联通正式推出名为"天翼云"和"沃云"的云计算品牌，推出云存储等面向用户的全系列产品；苏宁电器拟将公司名称变更为"苏宁云商集团股份有限公司"，以便更好地向云服务模式转型。未来几年，进军公共云服务领域的云计算企业数量将进一步增多，服务种类将进一步丰富，面向中小企业的 IaaS 服务和 SaaS 服务，以及地理、交通、金融等领域的个人应用将快速发展，使得服务环节在云计算产业链中的比重持续增大。

3. 城市云及个人应用领域将成为未来几年市场热点

继 2013 年年初公布 90 个首批国家智慧城市试点名单之后，国家住建部在 8 月份公布了第二批国家智慧城市试点名单，包括北京经济技术开发区等 103 个城市。发改委、工信部等八部委联合起草的《关于促进智慧城市健康发展的指导意见》也将在年底发布，加之地方政府加快预算审批，智慧城市建设在 2014 年将进入集中建设阶段。智慧城市建设将为云计算带来大额政府订单，推动城市云、电子政务云的快速发展。同时，随着《关于促进信息消费扩大内需的若干意见》（国发〔2013〕32 号）政策的发布，云计算作为与信息消费直接相关的产业将从中受益。尤其是在个人应用领域，移动应用、地理信息服务、金融应用等服务将呈现爆炸式增长态势。

4. 空间布局将逐步向高纬度、富能源地区逐步转移

目前我国云计算发达城市集中在东部沿海发达地区。受沿海地区土地、资源和气候等条件的限制，云计算产业目前有向高纬度、富能源地区转移的趋势，而中部地区的崛起和川渝地区信息产业的快速发展也为这些地区云计算发展带来了机会。

（六）互联网产业发展展望

信息技术的不断发展和我国信息消费能力的不断提升，以及政策的有力扶持为中国互联网产业发展提供了机遇和保障。未来几年，互联网产业规模将持续稳步增长，4G 的大规模商用，移动互联网的用户数量将快速增长、产品和服务的种类日益丰富，互联网与各个行业的融合将进一步深化和扩展，新业态不断涌现，互联网商业价值不断被发掘出来。随着互联网对政治、经济、社会、民生等各领域的影响作用逐步加强，其在国民经济中的重要地位将进一步提升。

1. 产业持续快速发展

我国互联网产业在未来五年内仍将持续快速发展，增速超过 30%。网络基础设施的不断升级将起到至关重要的作用，云计算、物联网的加速应用，对互联网基础服务业带来极大的促进作用。电子商务将持续强劲的发展势头，继 2012 年"双 11"网购风潮之后，电子商务再次掀起了一波增长浪潮，2013 年"双 11"，天猫淘宝的交易额超过 350 亿元。电子商务对传统行业的冲击力继续增强，更多的企业会加入电子商务的大军中，新的服务形式和电商平台会加速成熟。

2. 新兴业态成为新增长极

移动互联网实现快速发展。新形态、新模式、新技术将不断涌现。云计算技术把计算资源集中起来，通过 SaaS、PaaS 和 IaaS 等服务的提供，结合智能搜索、识别、纠错、合成等技术，显著降低对客户端的性能要求，并产生大量新的服务，使更多移动互联网服务成为可能；大数据技术可从各种数据中挖掘出有价值的信息，从而为移动互联网业务的发展和服务质量的提升提供决策支撑；物联

网 RFID 等技术推动硬件与软件、内容与应用的高度融合，为实现更多增值服务奠定了数据来源基础；4G 宽带将支持更高质量的移动互联业务。

3. 产业融合趋势升级

三网融合的不断推进以及 SaaS、PasS 和 IaaS 模式的流行，促使互联网产业与其他产业加速融合，这种融合将从产品融合、企业融合逐步升级到行业融合。

互联网金融将成为产业融合的一大热点。互联网金融产业链和生态体系的不断完善，不仅推动自身的强劲发展，而且在传统的金融行业起到了巨大的推进作用。同时，互联网金融将催生出互联网新业态，创造新的就业岗位，影响经济和社会生产的方方面面。

4. 信息安全面临更大挑战

随着新技术、新应用的发展，信息安全面临更大的挑战。国家信息安全隐患加剧、企业信息安全风险加大、个人隐私安全危害增多。同时，网络信息安全保护的法制环境将更加完善，监管能力将不断提升，信息安全技术也将不断升级和创新，互联网产业的发展环境持续优化。

后 记

　　《2013—2014 年中国软件产业发展蓝皮书》由赛迪智库软件与信息服务业研究所编撰完成，力求为中央及各级地方政府、相关企业及研究人员把握产业发展脉络、研判软件和信息技术服务业前沿趋势提供参考。

　　本书由王鹏担任主编，安晖统稿，主要分为综合篇、行业篇、区域篇、园区篇、企业篇和展望篇六个部分，各篇章撰写人员如下：

　　综合篇：安晖、刘琼、吕海霞、韩健；行业篇：刘琼、安琳、韩健、周大铭、陈光；区域篇：刘琼、安琳、韩健、陈光、周大铭；园区篇：刘琼、樊江洋；企业篇：陈光、周大铭；展望篇：安晖、吕海霞。在研究和编写过程中，本书得到了工业和信息化部软件服务业司领导以及行业协会等专家的大力支持和指导，在此一并表示诚挚的感谢。

　　本书虽经过研究人员和专家的严谨思考和不懈努力，但由于能力和水平所限，疏漏和不足之处在所难免，敬请广大读者和专家批评指正。同时，希望本书的出版，能为我国软件服务业管理工作和软件服务相关产业的健康发展提供有力支撑。

赛迪智库

面向政府 服务决策

中国工业和信息化领域的**思想库**

《赛迪专报》	《工业和信息化研究》
《赛迪译丛》	《工业经济研究》
《赛迪软科学》	《工业科技研究》
《赛迪国际观察》	《世界工业研究》
《赛迪智库·前瞻》	《原材料工业研究》
《赛迪智库·视点》	《装备工业研究》
《智说新论》	《消费品工业研究》
《书说新语》	《工业节能与环保研究》
《两化融合研究》	《工业安全生产研究》
《互联网研究》	《产业政策研究》
《信息安全研究》	《中小企业研究》
《电子信息产业研究》	《无线电管理研究》
《软件与信息服务研究》	《财经研究》
《军民结合研究》	《跨国公司研究》

编 辑 部：工业和信息化部赛迪研究院
通讯地址：北京市海淀区万寿路27号电子大厦4层
邮政编码：100846
联 系 人：刘颖 董凯
联系电话：010-68200552 13701304215
       010-68207922 18701325686
传 真：010-68200534
网   址：www.ccidthinktank.com
电子邮件：liuying@ccidthinktank.com

赛迪智库

面向政府 服务决策

中国工业和信息化领域的咨询翘楚

信息化研究中心	工业化研究中心
产业政策研究所	规划研究所
电子信息产业研究所	工业经济研究所
软件与信息服务业研究所	工业科技研究所
信息安全研究所	工业节能与环保研究所
互联网研究所	世界工业研究所
光伏产业研究所	装备工业研究所
无线电管理研究所	消费品工业研究所
军民结合研究所	原材料工业研究所
中小企业研究所	工业安全生产研究所
	财经研究所

编 辑 部：工业和信息化部赛迪研究院
通讯地址：北京市海淀区万寿路27号电子大厦4层
邮政编码：100846
联 系 人：刘颖 董凯
联系电话：010-68200552 13701304215
　　　　　010-68207922 18701325686
传　　真：010-68200534
网　　址：www.ccidthinktank.com
电子邮件：liuying@ccidthinktank.com